通信行业职业技能鉴定培训丛书

初级电信业务员

——国家五级

通信行业职业技能鉴定指导中心　编

北京邮电大学出版社
·北京·

内容简介

本书分为公共基础知识、理论和技能三个部分。其中，公共基础知识组成部分主要由职业道德、法律法规知识、安全生产知识、应用公文写作等知识点组成，理论和技能部分分别从市场调研与分析、业务营销、客户关系管理和客户信息管理四个职业功能进行编写。在理论部分，主要由电信行业概述、电信技术、市场营销等方面的知识点组成技术；在技能部分，主要由商务礼仪、沟通技能、销售技能、压力和情绪管理技能、客户投诉处理技能、客户维系与挽留技能等方面的知识点组成。本书的特点是以技能为主，知识为辅，知识为解决问题而服务。通过本书的阅读，希望读者能够熟悉各种基本知识，同时能够具备一定的电信业务营销能力。

本书读者对象：初级电信业务员。

图书在版编目(CIP)数据

初级电信业务员：国家五级/通信行业职业技能鉴定指导中心编．—北京：北京邮电大学出版社，2008(2009.1重印)

(通信行业职业技能鉴定培训丛书)

ISBN 978-7-5635-1769-5

Ⅰ．初…　Ⅱ．通…　Ⅲ．电信—邮电业务—职业技能鉴定—教材　Ⅳ．F626

中国版本图书馆CIP数据核字(2008)第076122号

书　　名：初级电信业务员——国家五级
编　　者：通信行业职业技能鉴定指导中心
责任编辑：艾莉莎
出版发行：北京邮电大学出版社
社　　址：北京市海淀区西土城路10号(邮编：100876)
发 行 部：电话：010-62282185　传真：010-62283578
E-mail：publish@bupt.edu.cn
经　　销：各地新华书店
印　　刷：北京忠信诚胶印厂
开　　本：787 mm×1 092 mm　1/16
印　　张：7.75
字　　数：136千字
版　　次：2008年6月第1版　2009年1月第2次印刷

ISBN 978-7-5635-1769-5　　定　价：40.00元

前言

为进一步完善通信行业特有职业(工种)国家职业标准体系,有利于为职业教育和职业培训提供科学、规范的依据,我们组织有关专家学者编写了通信行业职业技能鉴定培训丛书。本套丛书以国家人事劳动行政管理部门和通信行业主管部门批准颁发的通信行业特有职业(工种)《国家职业标准》为依据,并根据通信行业职业活动特点,充分考虑各职业的职业技能要求而编写。

本套丛书是通信行业从业人员进行职业技能考核鉴定前培训和自学的教材,也是各级各类通信行业职业技术学校相关专业师生的参考资料。通信行业特有职业(工种)技能鉴定的对象包括:企业、事业单位从事通信行业特有职业(工种)的人员;属于通信行业特有职业(工种)的各类职业技术学院(校)和培训机构的毕(结)业生;其他必须经过鉴定方能上岗的通信行业从业人员或自愿参加通信行业特有职业(工种)职业技能鉴定的人员。

本套丛书是依据最新《国家职业标准》,按照不同级别对"理论知识"和"工作技能"水平要求的不同编写的一套完整的系列教材。各职业教材由《公共基础知识》和"专业知识与技能"两部分组成,《公共基础知识》包括了各通信行业特有职业(工种)的"基本要求"的公共内容,为所有通信行业特有职业(工种)人员通用;"专业知识与技能"部分按照具体职业中不同级别人员的"职业功能"和"工作内容"要求不同分为相应的分册，为不同职业、不同级别岗位人员专用，具有较强的针对性。

本套丛书由通信行业职业技能鉴定指导中心组织，由北京邮电大学继续教育学院具体承担编写工作，并经各大通信运营企业相关部门领导、专家进行审定。在编写过程中得到了中国电信集团公司、中国网络通信集团公司、中国移动通信集团公司、中国联合通信有限公司、中国卫星通信集团公司、中国铁通集团有限公司相关部门，华东、华北通信行业职业技能鉴定中心，北京邮电大学继续教育学院等单位大力支持和帮助，特此感谢。

参加本套丛书编写、编审的主要成员有宋宝英、滕伟、姚明、王琦、郑丽、夏海轮、曾志民、胡怡红、温玫、程志民、黄克新、于立学、熊君俊、许建红、龚瑾玲、王爱民、石光耀、刘志文、张礼佳、张弘、张社荣、张玫、张加杰、姚力、徐晶晶、张梅毅、宋元庆、陈碧凤、李学、于少丽、林文映、陈宏伟、安新、李烨勃、王欣、熊爱梅、郝为、闫丽华、崔玉林、赵红、智爱民、鲁征、董丽、吴玲、于靖萱等。由于编写者水平有限、时间仓促，本书难免存在错漏之处，敬请广大读者、教职员工和各位专家提出宝贵的修改意见和建议。随着通信行业技术业务的不断发展，本套丛书还将逐步更新、调整。

通信行业职业技能鉴定指导中心

目录

第四章　应用公文写作知识

第五章　电信行业概述

第六章　电信技术知识

第十一章 电信客户投诉处理技能

第一章 职业道德

Q1. 职业的定义是什么？

职业是人们参与社会劳动的某种特定模式，是在社会分工的前提下，人们从事相对稳定的、分门别类的专业劳动，并以此获得工资收入和合理报酬的社会关系。

Q2. 职业的特点有哪些？

职业具备以下几种主要特点：专业性、技术性、延续性、稳定性、有酬性与互补性。

Q3. 什么是职业道德？职业道德由哪些方面的要素构成？

职业道德是指从事一定职业的人在职业生活中所必须遵循的具有职业特征的行为模式和道德要求。它是社会的一般道德要求在职业生活中的具体体现。

职业道德是各种基本要素的有机结合，一般说来，职业道德的构成要素主要包括5个方面：职业的责任心、职业的良心感、职业的业务能力、职业的纪律观念、职业的理想信念。

Q4. 职业道德有哪些基本特征？

职业道德作为社会道德的一个重要组成部分和特殊方面，具有不同于其他生活领域中道德要求的显著特征。

(1) 适用范围的有限性：职业道德调节的范围是有限的，指向的特定对象是成人。职业道德主要表现在从事一定职业工作的成年人的意识和行动中。

(2) 相对的独立性：由于职业道德是社会道德在职业生活中的具体体现，而各行业又有着各自不同的特点，因而决定了职业道德具有相对独立性。

(3) 发展的历史继承性：职业道德与职业生活和职业要求密切相连，是在特定的职业实践中形成的，因而往往表现为反映这种职业的特有的风俗习惯、准则、信条，再经过该职业人员的世代相传，逐渐积淀为本职业人员所特有的道德心理和道德品质，形成稳定的职业道德传统。

(4) 鲜明的纪律约束性：从形式上看，职业道德具有简明性和多样性，便于人们在实践中掌握和养成良好的职业道德习惯。

Q5. 职业道德的作用是什么？

职业道德是社会道德体系的重要组成部分，它一方面具有社会道德的一般作用，另一方面它又具有自身的特殊作用，具体表现如下：

(1) 调节从业人员内部及与服务对象间的关系；

(2) 有助于维护和提高本行业的信誉；

(3) 有助于促进本行业的发展；

(4) 有助于提高全社会的道德水平。

Q6. 职业道德规范有哪些？

(1) 爱岗敬业，恪尽职守；

(2) 诚实守信，求真务实；

(3) 廉洁奉公，遵纪守法；

(4) 钻研业务，勇于开拓；

(5) 团结协作，优质服务。

Q7. 什么是职业化精神？

职业化精神是对职业的价值观与态度，是内在的精神动力，所以我们也经常称其为职业意识。具体包括：敬业、专业、责任、诚信、协作、规范等。

(1) 敬业：就是用一种严肃的态度对待自己的工作，勤勤恳恳、兢兢业业、忠于职守、尽职尽责地从事工作。

(2) 专业：就是精通本行业、本工作岗位要求的基本知识，并在自己所从事的领域内持续深入钻研。专业化是职业化的基础，职业人应该是专业化的人才，才能符合社会发展的需求。

(3) 责任：责任的核心是要一次把事情做对，敢于承担责任。一方面承担自己的责任，不能让自己的责任成为别人的负担，影响整个团队的效率；另一方面也不能以此推卸责任，筑起责任划分的堤坝，对于责任交叉和责任空当置若罔闻，毫不关心。

(4) 诚信：诚信即诚实守信，指真实无欺、遵守承诺和契约的品德及行为。职业活动中的诚信要求是忠诚所属企业、维护企业信誉、保守企业秘密。

(5) 协作：协作就是相互合作。上级带动下级，整体带动部分，全员齐心协力，提高工作素质和工作效率。协作的基本要求是具有协作精神，善于沟通、协调，而不是各自为政、单兵作战。

(6) 规范：规范就是员工懂得职业规则、养成自律行为，使自身行为标准化和规范化，并运用职业规则解决问题。

Q8. 什么是职业化能力？

职业化能力是对现代企业员工的知识结构、技能水平的基本要求，是建立职业标准的主要依据。具体包括：学习能力、表达能力、执行能力、创新能力、自我管理能力、社交能力等。

(1) 学习能力：职业人进入职场，离开传统的教育形式，仍要坚持学习，获得长期发展所需的知识。主要是要结合工作、职业的目标来选择自主学习的内容与方式；同时要注重想象力与创造力的发挥，强化创造性学习。

(2) 表达能力：表达能力就是指运用语言和文字阐明自己的观点、意见或抒发感情的能力，主要包括口头语言表达能力和书面语言表达能力。丰富的思想内涵和正确的思考方法是提高表达能力的关键。

(3) 执行能力：执行能力是最重要的能力之一，组织与团队的各种决策必须通过各级职业人的执行能力才能实现。执行是否到位，是事业能否发展的重要决定因素。在执行的过程中，会面临各种机遇与挑战，也最能考验个人的综合能力。

(4) 创新能力:创新就是产生新思想、创造新事物。创新的基本要求是要持续改进,自我超越,突破思维局限,善于运用新方法和新流程。因此,创新既是一种能力,但同时也是现代职业人必须具备的精神。

(5) 社交能力:处理好人际关系是人们社会交往能力的体现。良好的社交能力有助于构建和谐的人际关系,丰富人生的意义,同时也是事业成功的重要资源和保证。

(6) 自我管理能力:职业人首先要学会管理好自己,克服自己的缺点,开发自己的才能,规划好自己的职业生涯,经营好自己的事业,才能使自己成长为优秀的职业化人才。自我的管理可分为价值观、健康、时间、情绪、才能、职业生涯方面的管理与修炼。

Q9. 职业生涯设计的一般原则有哪些?

美国第一银行制定的 5P 原则可以作为员工发展职业生涯的参考。这 5P 是指:

个人(Person):帮助员工了解自己,包含自己的技能、价值观、兴趣,并且知道如何综合运用这些特质,找到适合自己的职业生涯路径。

看法(Perspective):员工必须了解别人对他们的看法,并获得他们的主管、同事,以及其他工作相关人士的意见反馈。

位置(Place):员工必须了解自己所在的位置,包括自己的职务、企业、产业,掌握变化趋势,并且知道自己需要增加哪些技能。

可能(Possibility):员工必须了解职业发展的可能性。在企业里,发展成长有3种方式:第一种是垂直移动,也就是升迁;第二种是水平移动,虽然在同一职级里,但是更换不同的职务;第三种是不移动,虽然是同样的职务,但是让员工的工作内容丰富多元和挑战更高。

计划(Plan):员工必须针对以上 4 方面拟定计划,决定自己需要增加哪些能力和技巧,以达到目标。

第二章 法律法规知识

Q10. 法律的基本概念是什么？法律有哪些特征？

法律指由国家机关制定和颁布的具体的法律规则。其基本特征有：

(1) 法律是调整人们行为或社会关系的规范，具有规范性；

(2) 法律出自于国家，是由国家制定和认可的，具有国家意志性；

(3) 法律规定了人们的权利与义务，具有权利义务统一性；

(4) 法律由国家强制力保证实施，具有国家强制性。

Q11. 电信行业相关法律法规主要有哪些？

电信行业相关的主要法律法规包括：电信条例、电信服务规范、公用电信网间互联管理规定、电信设备进网管理办法、电信网间互联争议处理办法、电信工程质量监督管理规定、电信业务经营许可证管理办法、中华人民共和国无线电频率划分规定，等等。

Q12. 中华人民共和国电信条例主要包括哪些内容？

中华人民共和国电信条例（以下简称电信条例）是我国第一部关于电信业的综

合性行政法规，对规范电信市场秩序，维护电信用户和电信业务经营者的合法利益，保障电信网络和信息的安全，促进我国电信事业的健康发展起到了十分重要的作用。电信条例共 7 章 81 条，主要确立了我国电信业行政监管的 8 项重要制度。

（1）电信业务经营许可制度

电信业务经营许可指电信行政管理机关根据相对人依法提出的申请，经依法审查，准予其从事电信业务经营活动的一种具体行政行为。

（2）电信网间互联管理制度

电信网间互联是指将所有提供电信业务的经营者的网络连接起来，使不同电信企业的用户能相互通信、共享各种电信业务。

（3）电信资费管理制度

电信资费实行以成本为基础的定价原则。根据电信业务的不同情况，电信资费实行企业定价、政府指导价和政府定价 3 种定价方式。

（4）电信资源有偿使用制度

无线电频率、卫星轨道位置、电信网码号等用于实现电信功能且数量有限的资源，须由国家统一规划、集中管理、合理分配，实行有偿使用制度。

（5）电信服务质量监督制度

电信服务质量监督制度规定了电信业务经营者有责任为电信用户提供迅速、准确、安全、方便和价格合理的电信服务。

（6）电信建设保障管理制度

为了实现国家资源的有效配置与合理利用，防止不必要的重复建设，公用电信网、专用电信网、广播电视传输网的建设应当接受国务院信息产业主管部门的统筹规划和行业管理。

（7）电信设备进网制度

电信设备进网制度规定了对电信终端设备、无线电电信设备和涉及网间互联的设备，国家实行进网许可制度。

（8）电信安全保障制度

电信安全包括两个方面的内容：一是电信网络的安全，二是信息安全。电信网络是国民经济的重要基础设施，是信息传递的重要载体之一，电信网络安全直接影响通信畅通和信息传递。在电信网络中传递信息，既要依托电信网络，又要维护信息自身的安全。

Q13.　电信服务规范主要包括哪些内容？

电信服务规范经原信息产业部（现已更名为工业和信息化部）第八次部务会议审议通过，于 2005 年 4 月 20 日起开始施行。它旨在提高我国电信行业的服务质量，维护电信用户的合法权利，保证电信服务和监管工作的系统化和规范化。该规范同时制定了电信业务经营者必须达到的服务标准，对各具体业务通过附件分别作了详细规定。

（1）服务质量监控

电信业务经营者应建立健全服务质量管理体系，并按规定的时间、内容和方式向电信管理机构报告，同时向社会通报本企业服务质量状况。

发生重大通信阻断时，电信业务经营者应当按规定的要求和时限向电信管理机构报告。在事故处理过程中，电信业务经营者应对所有与事故有关的数据进行采集、记录和保存，相关数据和书面记录至少保存六个月。

（2）工程问题

由于电信业务经营者检修线路、设备搬迁、工程割接、网络及软件升级等可预见的原因，影响或可能影响用户使用的，应提前七十二小时通告所涉及的用户。影响用户的时间超过二十四小时或影响有特殊需求的用户使用时，应同时向当地通信管理局报告。

电信业务经营者停止经营某种业务时，应提前三十日通知所涉及用户，并妥善做好用户善后工作。

（3）资费问题

电信业务经营者应当执行国家电信资费管理的有关规定，明码标价，并采取有效措施，为用户交费和查询费用提供方便。

（4）开展业务规定

用户申请办理电信业务时，电信业务经营者应当向用户提供该项业务的说明。该说明应当包括该业务的业务功能、通达范围、业务取消方式、费用收取办法、交费时间、障碍申告电话、咨询服务电话等。电信业务宣传资料应针对业务全过程，通俗易懂，真实准确。

对用户暂停或停止服务时，应在二十四小时前通知用户。

① 业务受理

电信业务经营者应合理设置服务网点或代办点，合理安排服务时间或开设多种方式受理业务，方便用户。上门服务人员应遵守预约时间，出示工作证明或佩戴本企业标识，代经销人员应主动明示电信业务代理身份，爱护用户设施，保持环境整洁。电信业务经营者应为残疾人和行动不便的老年用户提供便捷的服务。

② 代理难题

以代理形式开展电信业务的，代理人在提供电信服务活动时，应当执行本规范，电信业务经营者应加强对其业务代理商的管理，并负责管理和监督检查代办电信业务单位或个人的服务质量。

(5) 不正当竞争行为

电信业务经营者不得以任何方式限定用户使用其指定的业务或购买其指定的电信终端设备。用户要求开通、变更或终止电信业务时，电信业务经营者无正当理由不得拖延、推诿和拒绝，不得胁迫、刁难用户。经营本地电话业务和移动电话业务的电信业务经营者，设有公开、公平的电话号码用户选择机制。

(6) 格式条款

电信业务经营者应以书面形式或其他形式明确经营者与用户双方的权利和义务，其格式合同条款应做到公平合理、准确全面、简单明了。

(7) 客户服务

电信业务经营者应当建立与用户沟通的渠道和制度，听取用户的意见和建议，自觉改善服务工作。电信业务经营者应当向用户提供业务咨询、查询和障碍申告受理等服务，并采取公布监督电话等形式，受理用户投诉。对于用户关于电信服务方面的投诉，电信业务经营者应在接到用户投诉之日起十五日内答复用户。电信业务经营者在电信服务方面与用户发生纠纷的，在纠纷解决前，应保存相关原始资料。

(8) 电信卡

电信业务经营者提供电信卡类业务时，应当向用户提供相应的服务保证，不得发行超出服务能力的电信卡。电信业务经营者应当采取适当的方式明确电信业务经营者与持卡用户双方的权利、义务和违约责任，告知用户使用方法、资费标准、计费方式、有效期限，以及其他应当告知用户的事项。电信业务经营者不得做出对持卡用户不公平、不合理的规定，不得单方面免除或者限制电信业务经营者的责任，损害用户的合法权益。

Q14.　什么叫市场准入？

市场准入指的是经营电信业务，必须依照电信条例的规定取得国务院信息产业主管部门或者省、自治区、直辖市电信管理机构颁发的电信业务经营许可证，否则任何组织或者个人都不得从事电信业务经营活动。

Q15. 什么叫网间互联？

网间互联是指为了建立电信网络之间的有效通信连接以使某一电信业务经营者的用户与另一电信业务经营者的用户进行通信或使用另一电信业务经营者提供的业务，而将所有提供电信业务经营者的网络连接起来。

Q16. 监督、管理电信服务的相关机构有哪些？

电信用户申诉中心：受工业和信息化部或省、自治区、直辖市通信管理局委托，处理电信用户申诉的机构。

消费者协会：为维护消费者合法权益的社会团体。

电信用户委员会：由社会各界电信用户代表、相关国家机关、社会团体、新闻单位等部门代表组成的团体。

社会舆论监督：主要包括社会公众、新闻媒体和相关社团组织对电信服务的监督。

Q17. 什么叫电信网络安全？

电信网络安全指电信网络系统的硬件、软件和系统中的数据受到保护，不遭受偶然或者恶意的破坏、更改和泄漏；系统连续、可靠、正常地运行，网络服务不中断。

Q18. 什么叫信息安全？

信息安全指网络中存储及流通的一切文字、符号、声音、图像等内容的组合不被非法篡改、增删、复制、解密、泄漏和使用。

Q19. 什么叫应急响应？

应急响应指安全技术人员在互联网遇到突发事件后所及时采取的措施和行动。我国互联网应急响应的方针为：积极预防、及时发现、快速反应、确保恢复。

Q20. 《中华人民共和国消费者权益保护法》包括哪些内容？

《中华人民共和国消费者权益保护法》为保护消费者的合法权益，维护社会经济秩序，促进社会主义市场经济健康发展而制定，主要阐述了消费者的权利、经营者的义务、国家对消费者合法权益的保护、消费者组织、争议解决、法律责任六大方面的内容。

Q21. 什么叫格式条款？

格式条款指一方当事人将对所有相对人采用的交易预先拟定，由相对人决定承诺与否的合同条款。

Q22. 消费者有哪些维权渠道？

消费者和经营者发生消费权益争议时，可以通过以下途径解决：

(1) 与经营者协商和解；

(2) 请求消费者协会调解；

(3) 向有关行政部门(工商行政管理部门或质量监督部门)申诉；

(4) 根据与经营者达成的仲裁协议提请仲裁机构仲裁；

(5) 向人民法院提起诉讼。

Q23. 《中华人民共和国反不正当竞争法》认定哪些行为是不正当竞争行为？

《中华人民共和国反不正当竞争法》主要认定了以下几种不正当竞争行为：

(1) 采用欺骗性标志从事交易行为；

(2) 强制性交易行为；

(3) 滥用行政权力限制竞争行为；

(4) 商业贿赂行为；

(5) 虚假宣传行为；

(6) 侵犯商业秘密的行为；

(7) 压价排挤竞争对手行为；

(8) 搭售和附加不合理交易条件的行为；

(9) 不正当有奖销售行为；

(10) 诋毁商誉行为；

(11) 串通勾结投标行为。

Q24. 《中华人民共和国合同法》的基本原则是什么？对哪些方面作了规定？

《中华人民共和国合同法》的基本原则是贯穿于全法之中的指导思想，是合同立法、执法和司法的基本准则。《中华人民共和国合同法》体现了平等、公平自愿、诚实信用、合法、法律保护五大原则，从合同的订立、合同的效力、合同的履行、合同的变更和转让、合同的权利义务终止、违约责任等方面进行规定。

Q25. 合同书由哪些部分构成？

任何一项合同书在内容上大体由 3 部分组成。

(1) 首部：用来确认当事人的自然状况，主要包括当事人的名称、姓名、住所、国籍、性质及交易中的位置等。

(2) 主体：也就是合同的正文部分，应当详细地确认当事人交易的具体条件、方式、状态、责任等。核心是当事人权利和义务范围的确定。

(3) 尾部：主要包括合同当事人的签字、盖章，以及签字时间、地点等。

Q26. 合同的违约责任有哪些形式？

违约责任是当事人违反合同义务时，依法或者依约应当承担的法律责任。

(1) 违约行为

违约行为是合同当事人违反合同义务的行为，主要有预期违约和实际违约两种类型。

(2) 违约责任的形式

违约行为发生时，当事人应当按照约定或者法律规定承担具体的违约责任形式。我国合同法规定了实际履行、损害赔偿、违约金、定金 4 种违约责任形式。

Q27. 合同争议有哪些解决途径？

合同争议发生时的解决途径一般有仲裁、诉讼，以及当事人自行协商或者第三人主持的调解解决。

Q28. 《中华人民共和国劳动法》包括哪些方面的内容？

《中华人民共和国劳动法》的立法宗旨是为了保护劳动者的合法权益，调整劳动关系，建立和维护适应社会主义市场经济的劳动制度，促进经济发展和社会进步。共 13 章 107 条，从劳动法律关系、劳动用工制度、职业培训制度、劳动保护制度、劳动争议的处理等几大方面进行阐述。

Q29. 劳动争议的处理方式有哪些?

劳动争议又称劳动纠纷,是指劳动关系双方当事人因执行劳动法律、法规或履行劳动合同、集体合同发生的争执。

劳动争议的处理方式有:协商、调解、仲裁、诉讼。

Q30. 《中华人民共和国劳动合同法》包括哪些内容?

2007年6月29日,全国人大常委会第28次会议表决通过了《中华人民共和国劳动合同法》(以下简称《劳动合同法》),并于2008年1月1日起正式实施。

《劳动合同法》是《劳动法》的一个子法,从完善劳动合同制度,明确劳动合同双方当事人的权利和义务,保护劳动者的合法权益,构建和发展和谐稳定的劳动关系的目的出发,主要阐述了劳动合同的订立、劳动合同的履行和变更、劳动合同的解除和终止、集体合同、劳务派遣、非全日制用工、监督检查、法律责任等方面的内容。

Q31. 什么是劳动合同?

劳动合同是指劳动者与用人单位之间为确立劳动关系,明确双方权利和义务的书面协议。劳动合同的条款包括必备条款和约定条款。

(1) 劳动合同的必备条款

合同期限、工作内容、劳动保护和劳动条件、劳动报酬、劳动纪律、合同终止的条件、违反劳动合同的责任。

(2) 劳动合同的约定条款

合同期限,最长不超过6个月的试用期,保守用人单位的商业机密,当事人认为可以协商约定的其他事项。

Q32. 什么是商业秘密?

《中华人民共和国反不正当竞争法》第10条规定,商业秘密指"不为公众所知悉,能为权利人带来经济利益、具有实用性并经权利人采取保密措施的技术信息和经营信息"。根据这一法律规定,商业秘密首先必须是企业的技术或经营信息,通常包括企业的技术图纸、技术资料、研发信息、报价单、客户名录等。

在通信行业内,各种统计数据、客户资料、业务资料均属于商业秘密,有关组织机构、人员编制、通信设备、营业收入、客户资料等信息也被列入商业秘密的范畴。工作中积累的客户关系和因工作需要而搜集的技术资料都是公司的无形资产，不能视为个人所有。

在实际工作中，还必须分清公司对外宣传资料和公司内部技术或业务资料之间的界限。

第三章 安全生产知识

Q33. 什么是安全生产?

安全生产是指企事业单位在劳动生产过程中的人身安全、设备和产品安全,以及交通运输安全等。也就是说,为了使劳动过程在符合安全要求的物质条件和工作秩序下进行,防止伤亡事故、设备事故及各种灾害的发生,保障劳动者的安全、健康和生产、劳动过程的正常进行而采取的各种措施和从事的一切活动。它既包括对劳动者的保护,也包括对生产、财物、环境的保护。

Q34. 如何进行火势判断?

火灾通常都是由小到大,由弱到强,逐步发展成为大火的。一般可分为初起、发展、猛烈和熄灭 4 个阶段。火场上燃烧发展包括前 3 个阶段。发现起火时,应根据火场上的燃烧发展来判断火势,采取相应的措施。

(1) 初起阶段

一般固体可燃物在着火后的 10～15 分钟内,着火面积不大,火焰不高,烟和气体的流动速度不快,火势向周围发展的速度比较缓慢。火势初期,如果发现火势不大,未对人与环境造成很大的威胁,应使用灭火器、消防栓或自来水等,尽可能地在第一时间将火扑灭,不可置小火于不顾而酿成火灾。

(2) 发展阶段

如果初起阶段的火灾未能被人们及时发现或扑灭，随着燃烧时间的延长，温度的升高，周围的可燃物质或建筑构件被迅速加热，气体对流增强，燃烧速度加快，着火面积迅速扩大。在这种情况下，必须投入一定数量的人力和消防器材，才能及时有效地扑灭火灾。如果不具备这样的灭火条件，应首先考虑逃离火场。

(3) 猛烈阶段

如果火灾在发展阶段没有得到有效的控制，随着燃烧时间的延长，燃烧速度不断加快，燃烧面积不断扩大，燃烧温度也急剧上升，使燃烧发展到猛烈阶段。当火势失去控制，千万不要惊慌失措，应冷静机智地运用火场自救和逃生知识摆脱困境。恐慌和崩溃往往使人丧失逃生的机会。扑救这种火灾，一般需要受过专门训练的消防人员才能完成，因此应及时报警。

Q35. 灭火有哪些基本方法？

初起的火灾容易扑灭，但必须正确运用灭火方法，合理使用灭火器材和灭火剂，否则就有可能事倍功半，甚至贻误最佳灭火时机。

(1) 冷却灭火法

冷却灭火法指将灭火剂直接喷洒在可燃物上，使可燃物的温度降低到自燃点以下，从而使燃烧停止。用水扑救火灾的主要作用就是冷却灭火。在火场上，还经常用水冷却尚未燃烧的可燃物质，防止其达到自燃点而着火。

(2) 隔离灭火法

隔离灭火法指将燃烧物与附近可燃物隔离或者疏散开，让已经燃烧的物质自行燃烧完而熄火。该方法适用于扑救各种固体、液体、气体火灾，尤其是扑救森林火灾使用该法较多。

(3) 窒息灭火法

窒息灭火法指采用适当的措施，阻止空气进入燃烧区，或用惰性气体稀释空气中的氧，使燃烧物质缺乏或断绝氧气而熄灭。

(4) 抑制灭火法

抑制灭火法指将化学灭火剂喷入燃烧区参与燃烧反应，中止链反应而使燃烧反应停止。可使用干粉灭火剂，并采用必要的冷却降温措施以防复燃。

Q36. 如何从火灾中逃生？

(1) 在浓烟中逃生

- 冷静沉着，辨清出口方向，迅速撤离；

- 用湿毛巾、湿棉织品捂住嘴，以减少有毒气体及有毒物质对人体的伤害；
- 压低身体，靠近地面爬或冲出去；
- 不要急跑，急跑会加大肺的呼吸量而吸入更多浓烟；
- 逃离火灾烟雾区时，要往明亮处或外面空旷处跑。

（2）在高楼上逃生

- 可沿水管、气管等管道滑下去；
- 利用绳索或窗帘、衣服制成简易救生绳索下楼；
- 利用安全通道，禁用电梯；
- 如下去无望，可选一时烧不着的地方避火，要主动想办法救自己，想办法尽快与外面取得联系，如打手势、抛掷物体寻求救援。

Q37. 安全使用电气设备应该注意哪些问题？

（1）不要随意乱动或私自修理各类电气设备，遇到问题请专职电工或维修工来进行处理。

（2）在使用电气设备时，首先应该使用试电笔验明该设备是否带电；没有验明之前，不能盲目接触。

（3）如果是企业内的电气设备，必须按照企业制定的安全操作规程来操作，尤其是要注意每次使用电气设备前先试运行一下，看是否有“电火花”等异常情况出现。

（4）若有问题，不要自己去修理，要找专职维修人员，直到故障排除后才能操作。

（5）如果在企业内见到挂有“禁止合闸”、“维修中”等标牌的电气设备，绝不能因为好奇而去乱摸乱动，因为这些设备还处在不正常的状态中，很有可能带电或者有人在检修。直接触摸对自己和他人都非常危险。

（6）在使用电气设备或者在电源周围工作时，必须使用个体防护用品，如戴绝缘手套，穿保护性或绝缘性的围裙及鞋子。

Q38. 办公室人员应该如何做到安全生产？

我们要对办公室人员的人身安全引起足够的重视。作为个人也要对自己的身体提高警觉，身体明显消瘦和发胖，记忆力减退，提笔忘字，睡眠质量不高，注意力不集中，情绪难以控制，身体常感不适，就证明自己的身体机能已经下降，已经进入了危险期。

我们该如何预防呢？

（1）危害辨识

检查评价室内的危险和有害因素，如光线如何，电源插座接触如何，电脑的辐射情况，通风情况和室内温度是否适宜，还要考虑电话、桌面的细菌传播，充分考虑各种因素对身体健康的影响。

（2）有针对性地整改

如办公室光线应保持充足柔和，局部照明清晰，灯光不闪烁，不能直射电脑屏幕。操作电脑时，鼠标应放在手臂不需要伸展的位置，双肩和肘部应与键盘对应平行。地面上不应有电话线、电缆线拖曳，通道不应有障碍物，消防栓不能放置在文件柜背后。空调长时间开放时，每天应开窗换气，同时要保持桌面、电话等共用品的卫生。

（3）其他措施

办公室的安全，主要是从生理上考虑，把保持健康、减少患病的机会作为主要目标。伏案工作时，每隔一个小时左右就应该起来短暂活动一下，舒展筋骨、清醒大脑，然后再继续工作。有条件的单位，可以组织机关办公室人员做工间操，打太极拳，或者练练瑜伽，以此消除疲劳，调节身心。

目前尚无法律像对待生产安全一样，强制要求做好办公室安全。对企业来讲，重视办公室的安全，能够体现以人为本的情怀，是关爱员工的具体体现。因为保持员工的身体健康可以减少缺勤率，提高在岗时的工作效率，还会收到活跃组织气氛，增强队伍凝聚力的效果，受益的还是企业。企业应该在制度上、时间上、条件保障上有所作为，开展有益办公室人员身心健康的活动。

第四章 应用公文写作知识

Q39. 应用文的写作要求有哪些？

应用文的写作要求是由应用文的特点所决定的。应用文的实用性和程式性的特点决定了我们在应用文的写作中应注意如下几点。

(1) 按照各种应用文的格式行文

各种应用文体，尤其是公文类文体，一般都有较严格的规范性和相对固定的格式，这也是保证和提高写作质量的必要条件。因此，在写作应用文时，要求准确选择行文格式，认清行文关系，不能滥用。公文类的应用文应是直白的逻辑语言，内容不以形象思维的语言方式构建，形象的含蓄性、多义性会产生歧义，因而不能达到准确无误地传达信息的目的。公文类的应用文应以准确的概念、准确的判断、严密的推理的逻辑语言传达信息、分析事理、解决问题、做出结论，使表达的思想内容明白、准确，不能有任何含混不清的地方。

(2) 从实际出发，实事求是，加强针对性

应用文旨在应用，是为了解决实际问题、处理事情、沟通信息而作的，因此必须从实际出发，实事求是，切实解决问题，这样才有助于达成应用文的写作目的。

(3) 语言风格和规范

应用文的语言风格要求简明、庄重、通俗、得体、规范。

Q40. 通知的格式由哪些部分组成?

通知是用于批转下级机关的公文,转发上级机关和不相隶属机关的公文,传达要求下级机关办理和需要有关单位周知或者执行的事项,任免人员的一种公务文件。

通知一般由标题、主送单位、正文、署名和日期几部分组成。

(1) 标题:通知一般用全项标题,依次由发文单位、事由和文种构成。凡批转性通知的标题应加"批转",转发性通知写"转发"。

(2) 主送单位:即受文单位或个人,它在标题之下、正文之前,要顶格写。

(3) 正文:正文的内容依次包括通知的缘由(目的、意义或依据)、通知的事项和执行通知的要求或希望。一般来说,通知的事项应分条列项表达。

(4) 署名和日期:通知最后要签上发文单位及日期。

Q41. 报告由哪几个部分组成?

报告是下级向上级机关汇报工作、反映情况、提出意见和建议、答复上级机关的询问时所使用的一种公文,属于上行文。

报告一般由标题、主送机关、正文、落款 4 部分构成。

(1) 标题:标题有两种拟法,一是由发文机关、事由、文种 3 部分构成,二是由事由和文种两部分构成。

(2) 主送机关:写明上级机关的全称或规范化简称。主送机关只能有一个,其他机关以抄送形式处理。

(3) 正文:报告的正文是关键部分,要详细叙述有关情况,包括取得的成绩、经验、存在的问题、应吸取的教训,以及今后采取什么措施等。结尾要用简明的文字概括全文,如"以上报告如无不妥,请批转执行"等。报告不要求上级答复,所以结束语不宜写"以上报告,请批示"。

(4) 落款:写明发文机关和发文时间。

Q42. 计划由哪些部分构成?

计划一般由标题、正文和落款构成。

(1) 标题

计划的标题可以采用以下几种形式:单位+时间+事由+文种、单位+事由+文种、时间+事由+文种、事由+文种。

(2) 正文

计划的正文包括前言、主体和结尾 3 个部分。

① 前言部分交代指导思想和基本情况。

② 主体部分包括目标、任务、措施和步骤等。

③ 结尾部分可以采用以下方式：点明工作重点，说明注意事项，分析可能出现的问题，提出希望与号召。结尾要言简意赅，自然结束，有鼓动性，有号召力。

(3) 落款

计划的落款部分写上制订计划的单位名称、个人姓名和成文日期。

Q43. 总结由哪些部分构成？

总结一般由标题、正文和落款 3 部分组成。

(1) 标题

标题要根据总结的要求和具体内容拟定，一般由机构名称、时间、事由和文种组成，如《××公司 2007 年工作总结》。专题性的经验总结，标题一般比较灵活，既可采用单标题陈述、概括总结的内容和特点；也可采用双标题形式，以正题揭示主旨，以副题限制内容的范围。

(2) 正文

总结的正文一般由序言、主体和结尾 3 部分组成。

① 序言：主要是对总结主题的说明，或是对情况进行概括叙述。

② 主体：一般包括 3 个部分，第一部分介绍工作的主要情况，第二部分归纳经验和体会，第三部分指出存在的问题。

③ 结尾：结尾一般是提出工作设想和努力方向，也可以总结前文，点明要点，展示未来。

(3) 落款

总结的落款，即总结的作者和写总结的日期，一般署在文后，也可以写在标题之下。

第五章 电信行业概述

Q44. 电信行业有什么特点?

电信行业是为全社会传递信息的生产组织。它具有与一般物质生产部门不同的特点,其特点主要表现在以下 4 个方面:

(1) 电信产品最基本的特点是不具有实物形态,只是提供一种服务;

(2) 电信的生产过程也是消费过程;

(3) 电信业务量的不均衡性造成电信生产的不均衡性;

(4) 电信是全程全网联合作业。

Q45. 电信产品有什么特点?

电信企业是以电信服务来满足客户通信需求的,它不产生实物产品,不涉及商品转移。因此,电信产品作为服务产品具有如下特点。

(1) 电信产品的无形性。用户在使用电信服务之前不可能看到、听到或感觉到这种服务。

(2) 电信产品的生产与消费在时间上的等一性。通信的生产过程同时也是客户使用电信产品的过程,两者在时间上是不可分割的。

(3) 电信产品的不可储存性。提供的通信能力如果不及时被客户消费使用，就会造成损失。

(4) 电信产品的复杂性。电信产品是以"效用"形态提供的产品，由于客户所需的通信"效用"复杂多样，因此电信产品必然是功能各异、复杂多样的。

(5) 电信产品的相互替代性。客户可以使用同一企业的不同产品或者不同企业的同类产品达到传递信息的目的。

Q46. 我国电信业市场目前有哪些基础电信运营商？

我国电信业形成了中国电信、中国网通、中国移动、中国联通、中国卫通和中国铁通 6 家基础电信运营商共存，2 万多家增值电信企业相互竞争的市场格局。

Q47. 什么是电信监管？

电信监管是国家对电信行业依法进行的监督和管理。

电信监管是国家行政管理的重要组成部分，是指政府管理部门通过明确的法律法规来规范国家、电信企业及消费者之间的关系，是代表国家对电信活动和市场行为依法进行的管理。

电信监管的领域十分广泛，包括市场准入、互联互通、价格控制、普遍服务、资源管理、服务质量甚至通信建设、从业人员准入等诸多方面，对电信企业和电信产业产生了重要影响。

第六章 电信技术知识

Q48. 电信的定义是什么？

国际电联对“电信”有如下定义：利用有线的、无线的电磁系统或者光电系统，传输、发射、接收或者处理语音、文字、数据、图像及其他任何形式信息的活动。

Q49. 什么叫传送网？

传送网是由线路设施、传输设施等组成的为传送信息业务提供所需传送承载能力的通道。长途传输网、本地传输网、接入网均属于传送网。

Q50. 什么叫业务网？

业务网是指向用户提供诸如电话、电报、图像、数据等电信业务的网路。电话交换网、移动交换网、智能网、数据通信网均属于业务网。

Q51. 什么叫支撑网？

支撑网是指能使电信业务网路正常运行，起支撑作用的网路。时钟同步网、No. 7 信令网、网管网均属于支撑网。

Q52. 什么叫同步网？

No. 7 信令网、SDH 网、程控电话交换网要维持良好的工作，都必须保持时钟同步。同步网的功能是准确地将时钟同步信息从基准时钟传递给同步网的各节点，从而调节网中的各时钟以建立并保持时钟同步。

Q53. 什么叫信令网？

电话网间任意两个电话用户间建立接续必须通过相关设备按一定的指令及操作程序动作才可实现，完成和实现这些指令和操作程序的各种信号就叫做电话网的信令系统。

其实信令之于交换机就相当于通信协议（如 TCP/IP）之于计算机一样，只不过叫法不同。信令是电话网的神经系统。

Q54. 什么叫网管网？

网管网是指电信管理网，也可称为网管和集中监控系统。网管工作主要是对电信网络进行统计、分析、调整和优化，保证电信设备的优质高效运行，管理的对象是网络；集中监控工作主要是对电信网络的设备进行集中监视和控制，简称监控，用于保证电信设备的安全可靠运行，管理的对象是设备，设备一般又称为网元。

Q55. 什么叫三网融合？

随着社会和技术的进步，信息技术发展的大趋势是电信网、计算机互联网和有线电视网 3 种技术、产业乃至网络的融合，即所谓“三网融合”。它表现为业务层互相渗透交叉，应用层使用统一的 TCP/IP 通信协议，网络层互联互通，技术上趋向一致。

“三网融合”对网络带宽提出新的要求，无论骨干网还是接入网，都必须有足够的带宽，才能支撑、承载正在激增的新老业务。

Q56. 什么叫智能网？

所谓智能网就是在原有通信网的基础上，能快速提供各种智能化新业务的附加网络结构。尽管程控电话交换机也具有缩位拨号、呼叫转移等智能性功能，但单独由程控电话交换机作为交换节点而构成的电话网仍然算不上是智能网。

Q57. 智能网开放的业务有哪些?

目前已规范化的几种智能网业务有:被叫集中付费业务、记账卡呼叫业务、VPN业务、通用个人通信业务、广域集中用户交换功能业务、电话投票业务、大众呼叫等。

Q58. 什么叫NGN?

NGN是“下一代网络”的英文缩写。NGN是基于分组的网络,能够提供电信业务;是利用多种宽带能力和服务质量(QoS)保证的传送技术;其业务相关功能与其传送技术相独立。NGN使用户可以自由接入到不同的业务提供商,NGN支持通用移动性。

NGN是以软交换为核心,能够提供话音、视频、数据等多媒体综合业务,采用开放、标准的体系结构,能够提供丰富业务的下一代网络。

Q59. GSM网络系统由哪4大分系统组成?

为了实现移动通信的需要,GSM网络系统由移动台(MS)、基站分系统(BSS)、网络交换分系统(NSS)、操作与维护分系统(OMS) 4大分系统组成(见图6-1)。

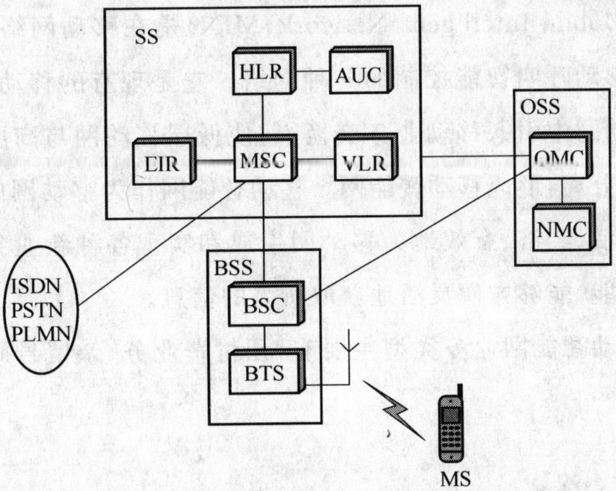

HLR 归属位置寄存器	VLR 访问位置寄存器	NMC 网络管理中心	MS 移动台
AUC 鉴权中心	BSC 基站控制器	ISDN 综合业务数字网	
EIR 设备识别寄存器	BTS 基站收发信台	PSTN 公共交换电话网	
MSC 移动交换中心	OMC 操作和维护中心	PLMN 公共陆地移动网	

图6-1 GSM网络系统组成

Q60. 什么是 IMSI 和 IMEI?

IMSI 即国际用户识别码，GSM 网络通过 IMSI 识别用户，IMSI 储存在 SIM 卡中。移动台有其自己的识别码，即国际移动台设备识别码(IMEI)。每个移动台设备有全球唯一的 IMEI。GSM 网络通过对 IMEI 的检查，可以禁止有故障或被盗的移动台接入网络，享受服务。

Q61. 什么是 CDMA?

CDMA 是英文 Code Division Multiple Access 的缩写，中译名为“码分多址”。码分多址技术是不同的移动台占用同一频道，每一个手机都被分配一个伪随机码序列，利用它对承载信息的信号进行编码，从而实现同时通话而互不干扰的技术。该项技术最先是由美国高通公司开发出来的。

CDMA 是为现代移动通信网所要求的大容量、高质量、综合业务、软切换、国际漫游等要求而设计的一种移动通信技术。CDMA 根据其带宽分为窄带 CDMA 和宽带 CDMA。

Q62. 什么是移动智能网?

移动智能网(Mobile Intelligent Network，MIN)是在移动网络中引入智能网功能实体，实现对移动呼叫智能控制的一种网络。它是现有的移动网络与智能网的结合，通过在移动网中引入移动业务交换点，使低层移动网与高层智能网相连，将移动交换与业务分离，形成移动智能网。移动智能网作为移动网的高层业务网，能够快速、方便、灵活、经济、有效地为移动网生成和实现各种新业务，使客户对网络有更强的控制功能，能够方便灵活地获取所需的信息。

目前开放的移动智能网业务类型主要有：预付费业务、亲情号码业务、分区分时计费业务等。

Q63. 什么是 3G?

第三代移动通信系统是指国际电信联盟(ITU)在 1985 年提出的“未来公用陆地移动通信系统”。1996 年，ITU 为了便于读写，并考虑到第三代移动通信系统将工作在 2 000 MHz 频段，在 2000 年左右出现，最高业务速率为 2 000 kbit/s，故将 FPLMTS 正式更名为 IMT-2000，即 International Mobile Telecommunication-2000。

于是，IMT-2000便成为了“第三代移动通信”（俗称3G）的正式名称。

Q64. 第三代移动通信的标准有哪些？

ITU在2000年5月将WCDMA、CDMA 2000和TD-SCDMA确定为第三代移动通信（3G）的三大主流技术标准，写入了3G技术指导性文件《2000年国际移动通信计划》（简称IMT-2000）。

Q65. 什么叫数据通信？

数据通信是依照一定的通信协议，利用数据传输技术在两个终端之间传递数据信息的一种通信方式和通信业务。

Q66. 数据交换有哪些方式？

数据交换的方式主要有两种：即电路交换和分组交换，其中分组交换在实际的数据网中较多采用。

Q67. IP网络有哪些类型？

IP网络是指采用TCP/IP协议，由路由器、交换机等网络设备构成，以WDM、SDH等作为物理传送通道互联起来的网络。

IP网络根据其覆盖的地理范围可划分为局域网（LAN）、城域网（MAN）和广域网（WAN）。

Q68. 什么是IP？

IP（Internet Protocol）是TCP/IP族中最为核心的协议。所有的TCP、UDP、ICMP及IGMP数据都以IP数据报格式传输。IP主要用于负责IP寻址、路由选择和IP数据包的分割和组装。IP是一个面向无连接的协议，不能保证数据分组被正确传递，在交换数据前并不建立会话。在收到数据后，IP不需要对收到的数据进行确认，因此IP提供不可靠的数据传输。

目前，常用的IP是第4版本，即IPv4，它是因特网（Internet）中最基础的协议，于1981年在RFC791中详细定义。

Q69. 什么是IP地址？

为了使连入Internet的众多主机在通信时能够相互识别，Internet中的每一台主机都分配有一个唯一的32位地址，该地址称为IP地址。IP地址由4个数组成，每个数可取值0～255，各数之间用一个点号“.”分开，如202.103.229.38。每个IP地址由网络号和主机号两部分组成，网络号表明主机所连接的网络，主机号标识了该网络上特定的那台主机。

Q70. IP网络主流技术有哪些？

目前IP网络正进入高速发展期，各种新技术不断推出和完善，这些技术主要包括路由集群技术、城域以太网技术、吉比特/十吉比特以太网技术、PoS技术、IP over DWDM技术、RPR技术、MSTP技术、SVLAN技术、CIDR技术、NAT技术，以及RIP、OSPF、IS-IS等各种与路由协议相关的技术。

Q71. 什么叫接入网？

接入网又称用户接入网，是指用户网络接口和业务节点接口间实施传送承载的系统。由于接入网是连至千家万户的，它在整个电信网的建设投资中占有很大的比重，占总投资的50%～60%，因此，接入网的建设和选择极为重要。根据所采用的传输媒介性质的不同，接入网可分为有线接入网和无线接入网。

Q72. 接入网的基本类型有哪些？

接入网的基本类型有：电信铜缆接入、有线电视同轴电缆接入、光纤接入、无线接入。

第七章 市场营销知识

Q73. 什么是市场？

对市场这一概念的理解有狭义和广义之分。狭义的市场是商品交换的场所。广义的市场由那些具有特定的需要，而且愿意并且能够通过交换来满足这种需要或欲望的全部客户所构成。

Q74. 市场的三要素指的是什么？

市场的三要素包括，一是有某种需要的人，二是他们有购买欲望，三是他们还要具备购买能力。市场的这3个要素是相互制约、缺一不可的，只有三者结合起来，才能够成为现实的市场。

Q75. 什么是营销？

营销是个人和集体通过创造、提供出售，并自由地同别人交换产品和价值，以获得其所需所欲之物的一种社会活动和管理过程。营销强调5个方面的内容：营销是一种创造性行为，营销是一种自愿的交换行为，营销是一种满足人们需要的行为，营销是一种管理过程，营销是一种企业参与社会的纽带。

Q76. 营销观念的发展历程包括哪几个阶段？

营销观念是指企业在组织和谋划营销管理实践活动时所依据的指导思想和行为准则。营销观念是企业领导者对于市场的根本态度和看法，是一切经营活动的出发点，也是一种商业哲学和思维方法。

一种营销观念的形成不是凭人们主观臆造出来的，而是一个复杂的社会过程。无论是西方国家的企业或是我国企业，营销观念、思想的演变都经历了由“以生产为中心”转变为“以客户为中心”，从“以产定销”变为“以销定产”的过程。企业营销观念的演变过程既反映了社会生产力及市场趋势的发展，也反映了企业领导者对市场营销发展客观规律认识的深化。

企业的营销观念可归纳为 5 种，即生产观念、产品观念、推销观念、市场营销观念和社会营销观念。

Q77. 市场营销观念与推销观念的区别是什么？

市场营销观念认为，实现企业诸目标的关键在于正确确定目标市场的需要和欲望，并且比竞争者更有效地传送目标市场所期望的物品或服务，进而比竞争者更有效地满足目标市场的需要和欲望。

市场营销观念的出现使企业经营观念发生了根本性变化，也使市场营销学发生了一次革命。市场营销观念同推销观念相比具有重大的差别，图 7-1 就这两种观念进行了比较。

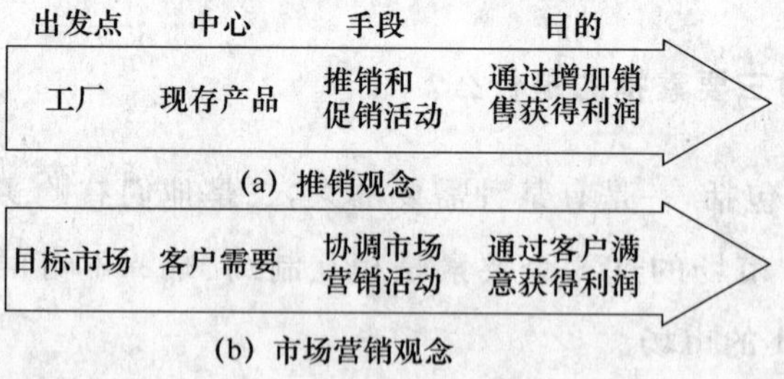

图 7-1 推销观念和市场营销观念的比较

推销观念采用由内向外的视角。它从工厂出发，着重企业现有的产品，并且需要大力进行推销和促销活动，以实现有利的销售。它强调的是征服客户，即取得短期销售量，而不怎么关注是谁在购买及为什么购买。

营销观念恰恰与此相反，它采用的是由外向内的视角。它从一个界定明确的市场出发，以客户需要为中心，协调所有影响客户的营销活动，并通过建立基于客户价值和满意之上的长期客户关系来取得利润。在营销观念的指导下，企业生产消费者想要的产品，从而满足消费者的需要并获取利润。

Q78. 什么叫 PEST 分析？

PEST 分析法是一种常用的宏观营销环境的分析工具。宏观环境是指对一切行业和企业产生影响的各种宏观因素。PEST 分析包括对政治（Political）、经济（Economic）、技术（Technological）和社会文化（Social）4 大类因素进行的分析。

Q79. 什么叫 SWOT 分析？

SWOT 分析也被称为情景分析，是指一种综合考虑企业内部条件和外部环境的各种因素，进行系统评价，从而选择出最佳经营战略的方法。在这里，S 指企业内部的优势（Strength），W 指企业内部的劣势（Weakness），O 指企业外部环境的机会（Opportunity），T 指企业外部环境的威胁（Threat）。SWOT 分析试图回答：企业现在处于什么位置？正在或应该向什么方向发展？

Q80. 什么叫差异化市场营销？

差异化市场营销是指针对各个细分客户市场的需要而刻意设计适合他们的产品和服务，从而关注于各细分市场的不同客户的需求。

差异化市场营销是一种战略，它从市场细分着手，确定要进入的那些特定目标市场，然后制定市场营销组合来适应各个目标市场。产品差异化的市场营销方式是指针对所确定的市场采取了差异化方法，即专门生产或提供适合于所确定市场的产品或服务。

Q81. 电信客户的定义是什么？

电信客户是指电信运营企业所提供电信业务的购买者和使用者。由于客户购买的目的不同，购买者可能是电信业务使用者，也可能不是电信业务的使用者。如商业性采购者，就是为了进一步转卖产品，参与到电信业务销售渠道的人员，他们是企业的重点客户，却不是电信业务的使用者。

电信运营企业要准确认识自己的客户，首先要界定电信客户的内涵。如果电信运营企业不将客户的范围认识清楚，就难免要对客户资源开发、客户管理、客户政策制定等问题产生模糊和偏差。当今全球范围内的竞争，与其说是企业之间的竞争，不如说是一系列以核心企业为中心的供应链之间的竞争。对于一个核心企业，它处于供应商、分销商、零售商及最终消费者的链条之上，它的客户不光是最终消费者，而且还包括它的分销商和零售商。

Q82. 常用的电信客户分类方法有哪几种？

每个电信运营企业的客户成千上万，企业对如此多的客户究竟了解多少？不了解客户就无法对客户加以区别。应该采取措施来细分客户，对细分客户采取相应形式的市场活动和恰当的关怀方式，才能够不断地提高客户的满意度。

对电信客户常用的分类方法有 3 种。

(1) 根据客户的消费量划分

可将客户分为大客户(金牌客户或高端客户)、中型客户(银牌客户或中端客户)和小型客户(散户或低端客户)。

(2) 根据客户的身份划分

可将客户分为政府客户、企业客户、家庭客户和个人客户等。

(3) 根据客户的消费目的划分

可将客户分为个人购买者、中间商客户、工业客户(运营商客户)。

Q83. 电信客户有哪些特点？

电信运营企业作为经营电信业务的服务商，有其独特的市场特性和客户特性。

(1) 客户多元性

电信业务是为全社会提供服务的，电信运营企业的客户具有多元性，从党政机关、经济组织、社会团体直到居民个人都是其客户。

(2) 需求多元性

电信客户需求具有多元性，从团体到个人，从城市到农村，从“金领”、“白领”到低收入家庭对电信服务有各种层次的需求。

(3) 较强替代性

电信服务产品之间的替代性较强，市场竞争性较强，客户使用电信服务的随机性也较强。

Q84. 电信客户的购买动机有哪几种？

在实际生活中，由于消费者各自的兴趣、爱好、经济收入、价值观念等方面的不同，通信客户的购买动机也各有不同，十分复杂。一般情况下，通信客户的购买动机可以归纳为以下几种：

（1）求实动机

多数消费者购买通信产品是出于注重商品的实际使用价值，即看重其迅速、准确、安全、方便的实际作用，在选用业务时讲究经济实用，而不受社会潮流和产品象征性价值的影响。

（2）求廉动机

大多数消费者对价格比较关注，要求价廉物美。通信运营企业推出的各类套餐即是迎合了此类消费动机。

（3）好胜动机

这是出于人类本能的竞争心理，而在通信消费中表现出来的不甘落后、争强好胜的心理动机。这种客户购买行为往往不是由于急切的实际需要，而是时时处处为了赶上或超过别人。

（4）求利动机

这是一种期望从通信产品的购买中得到高附加值的购买动机，表现为消费者对所购买的通信产品具有很强的依赖性。

（5）偏好动机

这是指消费者由于某些因素的影响而对特定的通信业务表现出偏爱。如同样与对方进行联络，用短信或彩信进行交流已成为年轻客户群的一种时尚。

（6）从众动机

这是一种"随大流"的购买动机，与好胜动机不同.好胜心理动机的主要特点在于争强好胜，为了超过别人而购买，所以，具有这种动机的购买者一向都是早期购买者；而从众心理动机的主要特点则是跟随、效仿，在具有众多购买者的情况下才决定购买。这种客户往往不善于了解、收集各种通信业务知识，所以，在购买某种产品时往往看看周围人都是谁购买了，一旦发现这种产品已拥有众多购买者，就认为这种产品值得购买。

（7）求俏动机

这是一种以买到紧俏产品为荣幸的购买动机。某种产品越是紧俏，这类客户就越极力要求购买；相反，当某种产品随时可以购买时，这类客户的购买积极性就会锐减。

（8）惠顾动机

人是有感情的，如果通信企业在消费者中树立了良好的信誉，那么消费者不仅愿意使用该企业的业务，而且还会乐于为企业进行宣传。

(9) 求新动机

这是消费者在选用通信业务过程中表现出的喜新厌旧的动机。这种特征在追求时尚的年轻人中表现得特别明显。但只要营销工作到位，每个人都会乐于接受新产品和新业务。

Q85. 影响个人客户购买行为的因素有哪些？

影响个人客户购买行为的因素很多，既有外在因素，又有内在因素。随着商品经济的发展和人们消费水平的日益提高，经济因素已不再是制约人们消费行为的唯一重要因素。客户购买通信产品的行为是经济因素、社会因素和心理因素综合作用的结果。

(1) 经济因素

收入是影响个人客户购买行为最重要的因素。因此，个人客户的支付能力和通信产品的价格对个人客户的购买行为影响较大。

(2) 社会因素

社会因素包括文化因素、社会阶层、相关群体、家庭情况等。人们对通信产品的需求和欲望因其文化、社会地位和社会关系的不同而产生差异，这种差异必然对其购买行为产生一定的影响力。

(3) 心理因素

心理因素包括个人客户对通信产品的需求、感受、态度及在了解和使用通信产品的过程中获得的经验等。随着社会的发展，心理因素对个人客户购买行为的影响正越来越大。

影响个人客户购买行为的因素除了上述因素外，通信企业的市场营销因素也有很大影响。通信企业应根据客户的需要，在适应市场环境的条件下，制定最佳的市场营销组合策略，以吸引更多的客户。

Q86. 影响集团客户购买行为的因素有哪些？

集团客户的购买行为在受经济因素影响的同时，还受其他诸多因素的影响。这些因素按照其影响范围分为以下几类。

(1) 环境因素

环境因素是指集团客户外部因素对其购买行为的影响，包括政治法律因素、社会经济因素等。如现在通信运营商不只一家，在这种竞争形势下，集团客户就会根据自己的利益做出适当的选择。

(2) 组织机构因素

组织机构因素是指集团客户组织机构的设置对其购买行为的影响。如有的集团客户采用集权式管理模式，通信产品的购买权集中在相关领导和有关部门的手中；有的集团采用分权式管理模式，通信产品的购买权比较分散。

(3) 决策权因素

决策权因素是指集团客户的领导及有关人员的权限和个人影响力等对购买决策的影响。在集团客户的购买行为中，职位与权力之间的矛盾不可忽视。如有的企业的最高领导对是否购买通信产品直接过问，有的则由分管领导决定，有的则将购买决策权交由中层管理人员掌握。决策权因素对集团客户的购买行为有着重要的影响。

(4) 个人因素

个人因素是指经手办理通信业务的人员的个体因素对集团客户购买行为的影响。尽管集团客户的购买行为是理智型购买，但经办人的个人偏好、习惯、性格、文化等都会直接影响购买行为。在通信企业与竞争对手的价格、服务等因素差别不大的情况下，经办人员的个人因素往往会起着决定性的作用。

Q87. 什么是STP三步曲？

市场营销学上的目标市场营销STP三步曲指的就是市场细分、目标市场选择和市场定位这3个步骤。这里的S指Segmenting market，即市场细分；T指Targeting market，即选择目标市场；P指Positioning，即市场定位。

Q88. 什么叫市场细分？

客户的需要随着商品经济的发展表现出多样性。为满足不同客户的需要，要在激烈的竞争中获胜，就必须进行市场细分。因此，市场细分是企业切入市场的起点。所谓市场细分，就是要发现客户之间在需要上的差异，然后把需要相同的客户归为一类。这样，就可以把市场划分为若干相同消费者群组成的市场。它是生产企业选择适当的目标市场的重要依据，也是企业顺利实现经营目标的保证。

Q89. 市场细分的作用是什么？

(1) 有利于企业发现新的市场机会；

（2）有利于提高企业的应变能力；

（3）有利于企业集中资源，取得较大经济效益；

（4）有利于企业深入研究潜在需要，不断开发新产品。

Q90. 什么叫二八原则？

二八原则是当今管理学界一个为众人熟知的原则，即80%的价值来自于20%的因子，其他20%的价值则来自于80%的因子。这一原则同样适用于市场营销中的市场细分工作。无论从事何种营销工作，如果把客户按照业务使用量的大小进行分类，都可以分为重点客户、普通客户和潜在客户。这一原则是企业重视大客户营销的理论依据之一。

Q91. 什么叫市场定位？

所谓市场定位，就是根据竞争者现有产品在市场上所处的位置，针对消费者或用户对该种产品某种特征或属性的重视程度，强有力地塑造出本企业产品与众不同的、给人印象鲜明的个性或形象，并把这种个性或形象生动地传递给客户，从而确定产品在市场上的适当位置。

Q92. 市场定位的方法有哪些？

市场定位的方法归纳起来有以下6种：

（1）根据产品的特色定位；

（2）根据满足客户某方面的需求定位；

（3）根据产品的专门用途定位；

（4）按用户种类定位；

（5）与同类竞争产品对比定位；

（6）按产品的等级分类定位。

Q93. 什么叫市场营销组合？

市场营销组合是营销学中的一个重要概念。所谓市场营销组合，也就是企业的综合营销方案，即企业为了满足目标市场的需要，有计划地综合运用企业可以控制的各种市场营销手段，以达到销售产品并取得最佳经济效益的策略组合，也可以认为是一种市场营销策略的"配方"或综合运用。

Q94. 什么叫4Ps?

企业可控制的营销因素可归纳为4大类:产品(Product)、价格(Price)、渠道(Place)和促销(Promotion),因为这4个词的英文首字母都是"P",故简称4P或4Ps。它体现了现代市场营销观念中的整体营销思想。虽然后人不断地增加P的数量,但4P组合一直是最经典、最有价值和最便于记忆的营销分析工具。

(1) 产品(Product)

产品是指能够提供给市场以满足某种欲望或需要的任何东西。每个产品都有特性、功能、优点和用途等一系列的属性。一个产品可以是一个物品(如手机终端)、一种服务(如电信运营商提供的通信服务)、一种观念(如咨询服务),或者是三者的任意组合。它存在的目的是实现交换,以实现公司盈利的目标。

(2) 定价(Price)

价格是市场营销组合中唯一能创造收益的因素,其他因素都代表着成本。价格也是市场营销组合中最灵活的因素之一。不像产品特色和销售渠道,价格可以很快地发生变化。

(3) 渠道(Place)

营销渠道是指商品从生产领域向消费领域运动的过程中所经过的一系列中间环节。按中间商类型的多少营销渠道可分为零级渠道(直销)、一级渠道(经过零售商)、二级渠道(经过批发商、零售商)、三级渠道(经过代理商、批发商、零售商)等。

(4) 促销(Promotion)

促销是包括广告、人员推销、销售促进或其他宣传形式的各种市场沟通方式。

Q95. 什么叫4Cs?

4Ps作为企业(销售者)影响消费者(购买者)的营销工具,代表着销售者的观点。从消费者的角度考虑,每种营销工具都应为消费者的利益提供服务。为此有专家提出,企业应从消费者的4Cs角度来看待4Ps,这也是市场营销组合的新发展。4Cs即消费者的需求和欲望(Customer's needs and wants)、消费者的成本(Cost to the customer)、沟通(Communication)、方便(Convenience)。

4Cs的具体含义是:企业要忘记自己的产品,去研究消费者当前的欲望和需求;去了解消费者对需求满足的成本,包括货币成本、时间成本、体力成本和心理成本;不是单纯向消费者宣传产品,而是与消费者实现沟通;多考虑消费者购买行为的方便性，努力搞清楚每个消费者的购物偏好、购买方式（如邮购、信用卡、电话购买等）。

Q96. 什么是产品？

现代市场营销理论认为，所谓产品是指企业提供给市场、用于满足人们某种欲望和需要的任何事物，包括实物、服务、场所、组织和观念等。产品不仅包括传统的有形实物产品的范围，还包括无形的服务等，这种产品概念通常称为产品整体概念。

Q97. 什么是产品的整体概念？

产品的整体概念由 3 个基本层次组成，即核心产品、形式产品和附加产品，如图 7-2 所示。

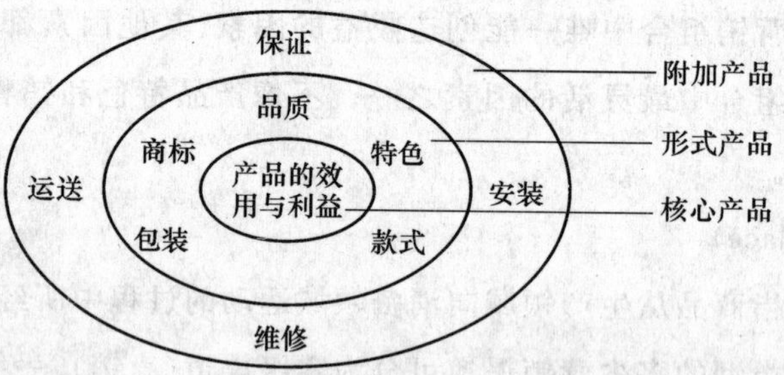

图 7-2 产品整体概念示意图

(1) 核心产品

核心产品是指产品提供给客户的基本效用或利益，是指消费者购买某种产品时追求的中心内容，是客户真正要买的东西，是产品整体概念中最基本、最主要的部分。消费者购买某种产品不是为了占有或获得产品本身，而是为了获得能满足某种需要的效用或利益。例如，空调的效用是调节室温，电冰箱的效用是食物保鲜，电话的效用是传递信息。企业应正确把握消费者追求的核心效用和利益，并积极销售消费者所追求的利益。

(2) 形式产品

形式产品是核心产品借以实现的形式，即向市场提供的产品实体和服务的形象，是扩大化了的核心产品。如果产品是实体物品，则其形式产品通常表现为产品质量水平、外观特色、款式、包装和商标等。产品的基本效用必须通过某些具体的形式才能实现。例如，同样是传递信息，可以通过不同的电信网络——传统的电话网或是 IP 网，使用不同的终端设备——电话机、手机或是计算机，采用不同的电信业务种类——电话业务、数字数据业务、多媒体业务等，选择中国电信、中国移动、中国联通等其中一家公司作为服务商。以上所能达到的可靠、安全、准确、快捷和服务资费等都将不同，这些都是不同电信产品的外在形式表现。因此，企业应该首先着眼于客户购买产品时所追求的利益，以求更完美地满足客户需要，从这一点出发再去寻求利益得以实现的形式，进行产品设计。

(3) 附加产品

附加产品又称延伸产品，是指伴随着形式产品提供给购买者的各种附加利益的总和，包括提供信贷、免费送货、产品的保证承诺、安装和售后服务等。例如，当消费者购买一架索尼摄像机时，索尼公司和它的经销商们还会提供零部件和工艺质量担保、如何使用摄像机的免费教学、必要时候的快速修理服务，以及解答疑难问题的免费电话等，这些服务就属于摄像机产品的附加产品。

附加产品的概念来源于对市场需求的深入认识。因为购买者的目的是为了满足某种需要，因而他们希望得到与满足该项需要有关的一切。附加产品不仅是产品整体概念中满足消费者需求的重要组成部分，而且也是影响购买者选择的主要因素。特别是随着企业间竞争的日益加剧，附加产品已成为争取购买者信任购买的焦点。在核心产品、形式产品相同或相近的情况下，谁能为购买者提供满意的附加产品，谁就能赢得购买者的信任购买。

Q98. 什么是产品生命周期？

任何一种产品在市场上的销售地位和获利能力都处于变动之中，随着时间的推移和市场环境的变化，最终将不被用户采用，被迫退出市场。这种市场演化过程与生物的生命历程一样，有一个诞生、成长、成熟和衰退的过程。因此，所谓产品生命周期，就是指产品从进入市场到最后被淘汰的全过程，也就是产品的市场生命周期。

生命周期一般分为 4 个阶段：产品导入期、市场成长期、市场成熟期和市场衰退期。如果以时间为横坐标，金额为纵坐标，产品生命周期就表现为一条曲线，即如图 7-3 所示的销售额曲线。

(1) 导入期，又称介绍期，是指在市场上推出一项产品，产品销售额呈缓慢增长状态的阶段。在此阶段，销售量有限，并且由于投入大量的新产品研制开发费用和产品推销费用，企业几乎无利可图。

(2) 成长期，是指一项产品在市场上迅速被消费者所接受、成本大幅度下降、销售额迅速上升的阶段，企业利润得到明显的改善。

(3) 成熟期，是指大多数消费者已经接受一项产品，产品市场销售额从明显上升逐步趋于缓慢下降的阶段。在这一阶段，同类产品竞争加剧，为维持市场地位，必须投入更多的营销费用或发展新的差异性市场，由此必然导致企业利润趋于下降。

(4) 衰退期，是指销售额下降的趋势继续增强，而利润逐渐趋于零的阶段。

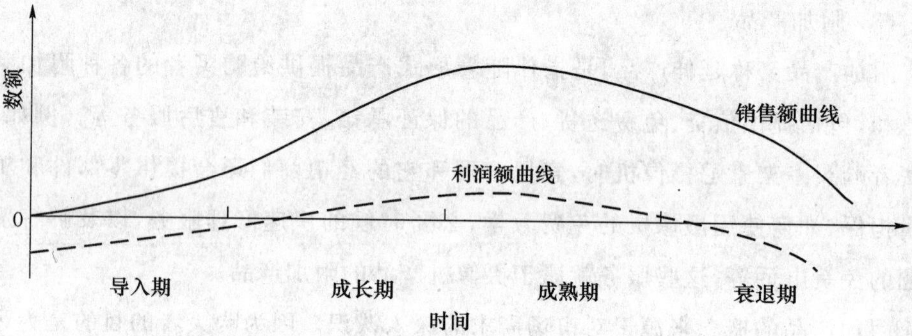

图 7-3　产品生命周期销售额曲线

Q99.　什么叫品牌？

品牌是一个产品牌子的简称，是指用来识别一个或一群出售者的产品或服务的名称、术语、标记、符号、图案或其组合，使企业的产品或服务与其他竞争者相区别。品牌是一个集合概念，包括品牌名称、品牌标志、商标等。所有品牌名称、品牌标志、商标都可以成为品牌或品牌的一部分。从我国电信企业的实际来看，品牌又可以分为企业品牌、客户品牌、业务品牌等。

品牌名称是指品牌中可以用语言称呼的部分，如“中国电信”、“中国移动”、“中国联通”、“中国网通”等。

品牌标志是品牌中可以被辨认，但无法用语言表达的部分，包括符号、图案、颜色或其他特殊的设计等，如中国电信的“牛头”图案和中国联通的“中国结”等。

商标是指经有关部门确认，受法律保护并为企业专用的品牌或品牌的一部分。

Q100.　什么叫套餐？

套餐是指对单个或多个产品进行资费差异化，以及捆绑、组合或融合设计后，以一个整体提供给既定目标客户群的选择性资费。套餐设计的核心是确定定价模式或优惠规则，它改变了产品的标准资费(计费项目、计费单元和计费标准)，且需以协议方式与客户明确约定使用期限。

套餐是为激励客户持续性消费而提供的选择性资费，它改变了部分或全部产品的标准资费，套餐资费可以在协议期内长期执行。通过套餐，可以释放部分资费风险，给予客户一定的优惠从而激励客户持续性消费。

Q101. 什么是 ARPU 值？

所谓 ARPU 就是每用户平均收入（Average Revenue Per User，ARPU），单位为元。

ARPU 从某种程度反映了一个时间段内运营商从每个用户那里所得到的利润。一般情况下，高端的用户越多，ARPU 越高。在这个时间段，从电信运营企业的运营情况来看，ARPU 值高说明利润高，这段时间效益好。ARPU 值高，则企业的目前利润值较高，发展前景好，有投资可行性。

Q102. 什么是 MOU 值？

MOU（Minutes Of Usage）指的是平均每个用户每月的通话时长，单位为分钟。

Q103. 电信资费套餐的结构与分类有哪些？

套餐的结构包括基本套餐和可选套餐两部分。基本套餐是套餐的主体部分，它包含了套餐的核心产品及主要优惠规则，可以独立存在；可选套餐是由客户自行选择的叠加套餐，一般不单独提供，需以购买基本套餐为前提。

同一个套餐是指基本套餐和可选套餐所包含的产品和优惠规则完全相同。根据所面向客户的属性，套餐可分为个人客户和企业客户套餐。

根据定价模式的适用性（包括区域、客户群的覆盖范围和推广方式），套餐可分为主流和个性化套餐。主流套餐在全国具有普遍适用性，覆盖的客户范围较大，可公开宣传推广。个性化套餐需要开展针对性营销，适用的客户范围较窄。根据包含产品的类型，套餐可分为单一套餐和组合套餐。单一套餐仅涉及单一产品，组合套餐则涉及两个或两个以上的产品。

Q104. 电信资费套餐的体系构成是什么？

套餐体系由客户、产品和定价模式 3 个维度延展而成。根据客户价值的高低，客户维度又可简单分为低端、中端和高端等层面。产品维度可分为话音和数据的单一套餐，话音、话音和数据的组合套餐等。3 个维度即确定了每个细分客户群对应的套餐，为各细分客户群设计的系列套餐即构成了完整的套餐体系。

Q105. 针对消费者的促销工具有哪些？

针对消费者的促销工具很多(见图 7-4)，但往往需要与广告配合，否则很难在某种促销策略实施的有效时间内让更多消费者获知这一消息，并立即作出反应，从而造成促销的效率损失。

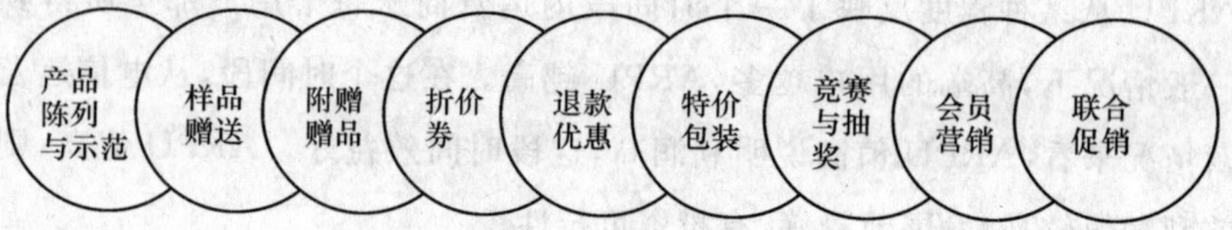

图 7-4　对消费者的促销工具

(1) 产品陈列与示范

通常制造商会在零售店占据有利位置进行橱窗陈列、柜台陈列或流动陈列，有时同时进行操作使用示范，以展示产品的性能与特长，打消顾客疑虑。这种方法在新产品进入市场，以及在食品业、家用电器行业、化妆品业等方面都有广泛应用。如有些化妆品制造商派专门的人员占据一些大商店的位置，为顾客测试皮肤性能，而后根据皮肤的不同，向顾客介绍相应的护肤品及其使用方法，甚至让顾客试用来劝说顾客购买。

(2) 样品赠送

样品赠送指向消费者免费赠送样品，通过他们了解产品的使用效果、传播信息来争取扩大销量。在播放产品广告的同时，商家还向居民家中派发样品以供试用。这些样品通常都是少量的试用品，其分量只够消费者认识该产品的利益所在，尽管如此，它仍是最为昂贵的促销工具之一。

样品赠送适用于价格低廉的日用消费品，那些易于采用小包装、差异明显，且目标客户群能区别的产品可以通过消费者亲身试用来提高接受度。该方法特别适用于新产品导入市场期，不少情况下是改变其他品牌忠实消费者的唯一方式。另外，样品赠送方法能提高入市速度。广告需反复诉求才能达到效果，但总不如“眼见为实”来得更有说服力，但开展样品赠送活动时，必须有足够的广告加以支持，这样才能达到预期的效果。

(3) 附赠赠品

附赠赠品指顾客购买某种特定产品后，免费或以极低价格获得产品的方式。它与样品赠送不同，前者是为有市场基础的产品而设的，主要为了争取竞争性产品的消费者转移到使用促销者的产品，也是为了防止竞争者侵入促销者的产品市场。因此，赠品必须让消费者有深刻的印象和一定的实用价值。赠品的优势是明显的，它可以创造产品的差异化，传达品牌概念，增加产品的使用频率和购买量。但不少附赠赠品失败的最主要原因是赠品太差，当赠品的吸引力不够、品质欠佳时，反而会使本想购买该产品的顾客打退堂鼓，从而导致销售量的下降。因此赠品的选择是非常重要的。

(4) 折价券

折价券是持有人的一种凭证，在指定地点购买某种商品时，凭折价券可免付一定金额的钱。这种方法一般用于已有一定品牌声望的产品当中，但这种产品应该是一次性使用，周期较短，顾客需经常购买或一次性购买量较大的产品。如果在购买率较低的产品上使用折价券，通常反应冷淡。在实际操作过程中，企业应慎重考虑兑换率的问题，因为它影响到促销的预算及其分配。另外应注意不要过于频繁地使用折价券，以免影响品牌形象。

(5) 退款优惠

退款优惠运用的方式非常简单，通常指厂商在消费者购买商品后，消费者邮寄特定产品的购买证明，可以得到部分全额或超额退款的一种促销方式。该产品主要用于鼓励试用新产品。

这种促销方法投资成本低，有利于收集客户资料，而且能刺激消费者购买一些不易销售的高价位商品。但是邮寄购买证明费时费力，因此消费者真正利用此项优惠的比率往往很小，回收兑换率低，自然会影响到促销效果。

(6) 特价包装

特价包装指制造商对其产品的正常零售价格给以一定的折扣优惠，并把原正常价格与限定的优惠价标明在商品包装或标签上。特价包装的形式可以是将同种商品包装起来减价出售。

特价包装用于非耐用消费品、购买频繁、价格较低的商品。对于短期促销它比折价券更能刺激消费者。这种方法操作简易，容易控制，并能形成“消费者能以较低的花费买到较大、较高价值的产品”的印象。

(7) 竞赛与抽奖

竞赛就是让消费者按照竞赛要求，运用其知识技能来赢得现金、实物或旅游奖励。这种竞赛不完全依靠一个人的本领，还需要借助运气，而竞赛题目或内容又总与主办者自身特征或多或少地有联系或结合。

(8) 会员营销

会员营销又叫俱乐部营销，它是指企业以某项利益或服务为主题，将各种消费者组成俱乐部形式，开展宣传、促销和销售活动。加入俱乐部的形式多种多样，可以是缴纳一定的会费，也可以将产品与特定消费者联系起来。

(9) 联合促销

联合促销是指两个或两个以上的公司合作开展促销活动，推销他们的产品或服务，以扩大活动的影响力。这种方法的最大好处是可以使联合体内的各成员以较少的费用获得最大的促销效果。

Q106.　什么叫广告？广告的目标是什么？

广告是由明确的主办人以付款方式进行的创意、商品和服务的非人员展示和促销活动。广告目标可分为3种：提供信息、说服购买和提醒使用。

(1) 提供信息类：向市场通告新产品信息，建议产品的新用途，将价格的变化通知市场，解释产品的工作原理，纠正错误的印象，描述可提供的服务，减少消费者的担心，树立公司形象。

(2) 说服购买类：培养品牌偏好，鼓励消费者转向自己的品牌，改变消费者对产品特性的认识，说服消费者立即购买产品，说服消费者接受销售访问。

(3) 提醒使用类：提醒消费者不久就会需要此产品，提醒消费者购买的地点，维持尽可能高的知名度，使消费者在淡季也能记住产品。

Q107.　什么是关系营销？

所谓关系营销是把营销活动看成是一个企业与消费者、供应商、分销商、竞争者、政府机构及其他公众发生互动作用的过程，其目标是建立和发展与这些公众的良好关系，从而体现关系营销的核心价值，增强客户的忠诚度。

Q108.　关系营销与传统交易营销的区别是什么？

关系营销与传统的交易营销相比，它们在对待客户上的不同之处主要在于：

(1) 交易营销关注的是一次性交易,关系营销关注的是如何保持客户。

(2) 交易营销较少强调客户服务;而关系营销则高度重视客户服务,并通过客户服务提高客户满意度,培育客户忠诚度。

(3) 交易营销往往只有少量的承诺,关系营销则有充分的客户承诺。

(4) 交易营销认为产品质量应是生产部门所关心的,关系营销则认为所有部门都应关心质量问题。

(5) 交易营销不注重与客户的长期联系,关系营销的核心就在于发展与客户的长期稳定关系。关系营销不仅将注意力集中于发展和维持与客户的关系,而且扩大了营销的视野,它涉及的关系包含了企业与其所有利益相关者之间所发生的所有关系。

Q109. 什么是服务?

服务是指一方向另一方提供的可以满足某种欲望、需求而不涉及所有权转移的行为。电信运营企业提供给客户的不是一般的有形产品,而是一种无形的服务。现在我们已经感悟到,对于电信运营企业而言,服务已不仅仅是销售体系中的某一个环节,而且是构成企业竞争力及核心能力的关键,是决定性的增长驱动因素。

Q110. 服务的基本特征有哪些?

服务的基本特征概括起来有5点,即服务的无形性、缺乏所有权、不可分离性、差异性和不可储存性。从上面服务的5个基本特征可以看出,服务的无形性是最根本的特征,其他特征都是由此派生出来的。服务同有形产品的差异决定了服务营销有自己特殊的策略和方法。

Q111. 什么叫服务营销组合(7Ps)?

20世纪80年代初,市场营销学家布姆斯和毕纳将服务业营销组合修改和扩充为7个要素,即产品(Product)、定价(Price)、地点或渠道(Place)、促销(Promotion)、人员(People)、有形展示(Physical)、过程(Process),简称7Ps。

与传统的营销组合相比,服务营销组合增加了3项要素,即人、有形展示和服务过程。

Q112. 服务质量的构成要素是什么?

服务质量由4个部分组成。

(1) 技术质量

技术质量是指服务过程的产出，即客户从服务过程中所得到的东西。例如，电信企业为客户提供的通信能力，宾馆为旅客休息提供的房间和床位，饭店为客户提供的菜肴和饮料，航空公司为旅客提供的飞机、舱位等。对于技术质量，客户容易感知，也便于评价。

(2) 职能质量

职能质量是指服务推广的过程中客户所感受到的服务人员在履行职责时的行为、态度、穿着、仪表等给客户带来的利益和享受。职能质量完全取决于客户的主观感受，难以进行客观的评价。技术质量与职能质量构成了感知服务质量的基本内容。

(3) 形象质量

形象质量是指企业在社会公众心目中形成的总体印象，它包括企业的整体形象和企业所在地区的形象两个层次。企业形象通过视觉识别系统、理念识别系统和行为识别系统多层次地体现。客户可从企业的资源、组织结构、市场运作、企业行为方式等多个侧面认识企业形象。企业形象质量是客户感知服务质量的"过滤器"。如果企业拥有良好的形象质量，少许的失误会赢得客户的谅解；如果失误频繁发生，则必然会破坏企业形象；倘若企业形象不佳，则企业任何细微的失误都会给客户造成很坏的印象。

(4) 真实瞬间

真实瞬间是服务过程中客户与企业进行服务接触的过程。这个过程是一个特定的时间和地点，这是企业向客户展示自己服务质量的时机。真实瞬间是服务质量展示的有限时机。一旦时机过去，服务交易结束，企业也就无法改变客户对服务质量的感知，如果在这一瞬间服务质量出了问题也无法补救。真实瞬间是服务质量构成的特殊因素，是有形产品质量所不包含的。

Q113. 什么是全面质量管理(TQM)？

全面质量管理(Total Quality Management，TQM)是在以客户为导向的经济环境下，中外企业普遍采用的质量管理方法，它是一种达到或超越客户对质量要求的理念。全面质量管理的基本思路概括如下：

(1) 坚持"用户第一"和"预防为主"的观点。

(2) 质量是全面的质量，既包括产品质量、服务质量，又包括工程质量和工作质量。

(3) 质量管理是全过程管理。企业生产产品必须经过市场调查、产品设计和研制、产品生产和检验、产品的销售和服务等一系列过程。全面质量管理就是对这整个过程和全部影响质量的因素进行综合全面的质量管理。

(4) 质量管理是全员性的管理。实施全员质量管理,抓紧质量教育和培训,提高全员质量意识,普遍建立质量控制小组,是开展全面质量管理的基础。

(5) 质量管理是全方位的管理,即要采用多样化的质量监控方法,如改善经营管理、革新技术、应用数理统计方法、质量检查手段、提高员工素质等。

Q114. 培养服务意识有哪些途径?

工作人员良好的态度加上对客户的理解再加上专业的服务技巧,就能够拥有超强的自信和出色的表现,从而轻松面对服务工作中的各种挑战。

(1) 以客户为中心

在客户服务工作中,态度永远是第一位的,因为态度决定了行为。作为电信业务员,首先要有正确的服务态度,这是首要条件;作为客户,在享受服务的过程中首先感受到的也是服务人员的态度。如果电信业务员能够始终坚持以客户为中心,就能够保持对客户积极热情的态度。

(2) 理解客户的观点

有了积极热情的态度还不够,因为不同客户对业务有着不同的观点,也就是说对服务的期望值不同,所以,他们对业务的要求也就千差万别。作为电信业务员,需要能够真正理解不同客户对于服务的观点与要求,这样才能够更好地为客户提供令其满意的服务。

(3) 掌握技巧指导行为

有了良好的服务态度,又能够理解客户的观点,具备了这两点,也就具备了提供优质服务的先决条件。然而,客户服务的实质是最终能够帮助客户解决问题,所以,我们还必须具备解决客户问题的能力。如果能够掌握一种非常有效的服务技巧,并以之指导自己的服务行为,而不是完全凭借自己的感觉去做事情,那么就能够更加有效地应对服务工作中遇到的挑战。

Q115. 客户满意的定义是什么?

所谓客户满意,就是客户通过对一种产品的可感知的效果或结果与他的期望值相比较后所形成的一种失望或愉悦的感觉状态。

Q116. 客户满意分为哪几个层次?

客户满意的内容分横向层面和纵向层面两个层次。

(1) 横向层面

客户满意横向层面包括企业理念满意(MS)、企业行为满意(BS)和企业视觉满意(VS) 3 个满意层次。

理念满意(MS)	企业的精神、使命、经营宗旨、经营哲理、经营方针和价值观念等带给企业内部客户和外部客户的心理满足感
行为满意(BS)	客户满意战略的具体执行和运作。在实施过程中要做到了解和认识客户,从客户的角度出发,全面为客户服务
视觉满意(VS)	企业给客户满意的直观可见的外在形象,包括企业标识、规范等。它是企业强化公众印象的集中化、模式化的手段

(2) 纵向层面

纵向层面上,客户满意可以分为物质、精神和社会 3 个满意层次。

物质满意	客户在对企业提供的产品核心层的消费过程中所产生的满意。物质满意层次的支持者是产品的使用价值,如功能、质量、设计、包换等,它是客户满意中最基础的层次
精神满意	客户在对企业提供的产品形式和外延层的消费过程中产生的满意。精神满意层的支持者是产品的外观、色彩、装潢品位和服务等
社会满意	客户在对企业提供的产品的消费过程中所体验到的社会利益维护程度,它包括产品的道德价值(不与社会道德相抵触)、政治价值(不导致社会不安定)和生态价值(不破坏生态平衡)

Q117. 什么是客户满意度?

客户满意度是指客户对企业以及企业产品、服务的满意程度。客户满意度也是客户对企业的一种感受状态,并且在这种感受状态下更容易激发交易行为的发生。客户满意度可分为不满意、满意与高度满意,也可以用百分比度量满意度,从0%～100%依次为不满意、满意与高度满意。

Q118. 影响客户满意度的因素有哪些?

影响客户满意度的因素可归纳为价值满意度和成本满意度两大类。其中,价值满意度包括产品价值满意度、形象价值满意度、人员价值满意度，服务价值满意度，成本满意度包括货币成本满意度和非货币成本满意度。

Q119. 客户满意服务战略有哪些?

现代企业实施客户满意的服务战略的根本目标，在于提高客户对企业生产经营活动的满意度，而要真正做到这一点，则必须切实可行地制定和实施如下关键策略。

(1) 塑造“以客为尊”的经营理念

“以客为尊”的企业服务经营理念是服务客户最基本的动力，同时它又可引导决策，联结公司所有的部门共同为客户满意的目标奋斗。

(2) 开发令客户满意的产品

客户满意战略要求企业的全部经营活动都要以满足客户的需求为出发点，把客户需求作为企业开发产品的源头。所以企业必须熟悉客户，了解客户，即要调查他们现实和潜在的需求，分析他们购买的动机和行为、能力、水平，研究他们的消费传统和习惯、兴趣和爱好。只有这样，企业才能科学地顺应客户的需求走向，确定产品的开发方向。

(3) 提供令客户满意的服务

热情、真诚、为客户着想的服务能使客户满意，所以企业要不断完善服务系统，以便利客户为原则，用产品自身具有的魅力和一切为客户着想的体贴去感动客户。售后服务是生产者接近客户的直接途径，它比通过发布市场调查问卷来倾听客户呼声的方法要有效得多。

(4) 科学地倾听客户意见

现代企业实施客户满意战略必须建立一套客户满意分析处理系统，用科学的方法和手段检测客户对企业产品和服务的满意程度，及时反馈给企业管理层，使企业不断改进工作，及时、真正地满足客户的需要。呼叫中心就是一个倾听客户意见的主渠道。

Q120. 什么是客户关系管理?

客户关系管理(Customer Relationship Management，CRM)是专门用来处理所有与客户相关的商务事项的工具，包括客户的开发、维护、服务，营销活动，销售预测，销售报价，销售订单等，涵盖了与客户交往的各个环节。

第八章 商务礼仪

Q121. 什么叫商务礼仪？

礼仪从广义上讲指的是一个时代的典章制度；从狭义上讲指的是人们在社会交往中由于受历史传统、风俗习惯、宗教信仰、时代潮流等因素的影响而形成的，既为人们所认同，又为人们所遵守的一种行为准则或规范。

商务礼仪是在商务活动中体现相互尊重的行为准则。可以用一种简单的方式来概括商务礼仪：它是商务活动中对人的仪容仪表和言谈举止的普遍要求。仪容仪表是指个人的形象，言谈举止是指每一个人在商务活动中的职业表现。

Q122. 礼仪的原则有哪些？

（1）遵守原则

在交际应酬之中，每一位参与者都必须自觉、自愿地遵守礼仪，用礼仪去规范自己在交际活动中的言行举止。

（2）自律原则

礼仪规范由对待个人的要求与对待他人的做法两大部分构成。对待个人的要求是礼仪的基础和出发点。学习、应用礼仪最重要的就是要自我要求、自我约束、自我控制、自我对照、自我反省、自我检点。

(3) 敬人原则

在礼仪的两大构成部分中,有关对待他人的做法是礼仪的重点与核心。而对待他人的诸多做法之中最要紧的一条,就是要敬人之心常存,处处不可失敬于人,不可伤害他人的个人尊严,更不能侮辱对方的人格。

(4) 宽容原则

要求人们在交际活动中运用礼仪时,既要严于律己,又要宽以待人。要多容忍他人,多体谅他人,多理解他人,千万不要求全责备,斤斤计较,过分苛求,咄咄逼人。

(5) 平等原则

在礼仪的核心点,即尊重交往对象、以礼相待这一点上,对任何交往对象都必须一视同仁,给予同等程度的礼遇。

(6) 从俗原则

由于国情、民族、文化背景的不同,必须坚持入乡随俗,与绝大多数人的习惯做法保持一致,切勿目中无人、自以为是。

(7) 真诚原则

在人际交往中运用礼仪时,务必诚实无欺,言行一致,表里如一。只有如此,自己在运用礼仪时所表达出来的对交往对象的尊敬与友好才会更好地被对方理解、接受。

(8) 适度原则

这要求在应用礼仪时,为了保证取得成效,必须注意技巧及其规范,特别要注意做到把握分寸,认真得体。当然,运用礼仪要真正做到恰到好处、恰如其分。

Q123. 男士仪表的注意事项有哪些?

(1) 要精神饱满,面带微笑;

(2) 头发不宜过长,并保持清洁、整齐,切忌不要太新潮;

(3) 应每天刮胡须,饭后洁牙,保持口腔卫生,无异味;

(4) 指甲不宜过长,并保持清洁;

(5) 不宜穿太花哨的衣服,原则上全身所穿衣服应在 3 种颜色以内;

(6) 袜子、腰带、公文包 3 件物品的颜色相同;

(7) 应着白色或单色衬衫，保持衬衫干净整洁，领口、袖口无污迹；

(8) 袖上不能带标签；

(9) 领带应紧贴领口，系得美观大方（注意应配领带夹），注意颜色、长短等的搭配；

(10) 西装应平整、清洁；

(11) 西装口袋应不放物品，公司徽章应统一别在西装左领上方；

(12) 西裤要平整，有裤线；

(13) 皮鞋应光亮，穿深色袜子；

(14) 袜子不能是尼龙袜；

(15) 不穿白色袜子，袜子颜色要和皮鞋颜色一致，黑色西装绝对不能和白色袜子搭配。

Q124. 女士仪表要求有哪些？

(1) 发型不宜太新潮，应文雅、庄重，梳理整齐，长发要用发夹夹好；

(2) 应着正规服装，大方、得体，不宜穿着太休闲的服饰；

(3) 指甲不宜过长，并保持清洁，如需涂指甲油应为自然色；

(4) 裤子要平整、清洁，如着裙装，裙子长度要适宜；

(5) 鞋子光亮、清洁。

Q125. 女士着裙装应注意的事项有哪些？

(1) 绝对不能在商务场合穿黑色皮裙；

(2) 不光腿；

(3) 袜子上不能有洞；

(4) 套裙不能配便鞋；

(5) 穿凉鞋不要穿袜子；

(6) 正式场合要穿正式凉鞋——前不露脚趾，后不露脚跟；

(7) 不能出现三截腿——裙子一截、腿一截、袜子一截；

(8) 不能拿健美裤充当袜子；

(9) 不能将长筒袜卷曲一截。

可以把职业女性着裙装概括为：西装套裙、制式皮鞋、高筒肉色丝袜。

Q126. 女士职场着装的禁忌有哪些？

(1) 过分杂乱。有制服不穿制服，穿制服不像制服；领带拉开一半；衬衫下摆露在外面；歪戴帽子斜穿衣；保暖内衣要穿U领或V领的；

(2) 过分鲜艳；

(3) 不能裸露太多。不能穿无袖装、跨栏背心、吊带裙、太阳装、露背装；

(4) 过分透视；

(5) 过分短小；

(6) 过分紧身。

Q127. 社交空间分为几个层次及适用对象是什么？

在与客户的交流过程中，还要善于运用空间距离，把握好社交空间。人们所在的空间一般分为4个层次：

(1) 亲密空间15～46 cm，一般在最亲的人之间，例如父母、恋人、爱人；

(2) 个人空间0.46～1.2 m，一般在亲朋好友之间，如促膝谈心、拉家常时；

(3) 社交空间1.2～3.6 m，一般社交场合与人接触之间、上下级之间保持此距离会产生威严感、庄重感；

(4) 公众空间大于3.6 m，社交场合与人接触及上下级之间保持此距离。

Q128. 职场交谈应注意的事项有哪些？

职场交谈时应注意避免以下事项：

(1) 经常向人诉苦，包括个人经济、健康、工作情况，但对别人的问题却不予关心，从不感兴趣；

(2) 唠唠叨叨，只谈论鸡毛小事，或不断重复一些肤浅的话题，及一无是处的见解；

(3) 态度过分严肃，不苟言笑；

(4) 言语单调，喜怒不形于色，情绪呆滞；

(5) 缺乏投入感，悄然独立；

(6) 反应过敏，语气浮夸粗俗；

(7) 以自我为中心；

(8) 过分热衷于取得别人好感。

Q129.　介绍别人应注意什么？

介绍别人时要注意：

（1）谁当介绍人，不同的介绍人，给客人的待遇是不一样的，专业的讲法是3种人：

① 专职接待人员，如秘书、办公室主任、接待员；

② 双方的熟人；

③ 贵宾的介绍，要由主人一方职务最高者介绍。

（2）介绍的先后顺序是“尊者居后”——男先女后、轻先老后、主先客后、下先上后，如果双方都有很多人，要先从主人方的职位高者开始介绍。

Q130.　握手时的注意事项有哪些？

握手是在相见、离别、恭贺或致谢时相互表示情谊、致意的一种礼节，双方往往是先打招呼，后握手致意。

（1）握手的顺序

握手的顺序是指谁先伸出手，在某些情况下我们先伸手是合礼仪的，在另外一些情况下先伸手又是失礼的。“尊者居前”是尊者先出手，主人、长辈、上司、女士主动伸出手，客人、晚辈、下属、男士再相迎握手。

（2）握手的方法

一定要用右手握手。要紧握对方的手，时间一般以1～3秒为宜。过紧地握手，或是只用手指部分漫不经心地接触对方的手都是不礼貌的。被介绍之后，最好不要立即主动伸手。年轻者、职务低者被介绍给年长者、职务高者时，应根据年长者、职务高者的反应行事，即当年长者、职务高者用点头致意代替握手时，年轻者、职务低者也应随之点头致意。和年轻女性或异国女性握手，一般男士不要先伸手。

Q131.　电话预约的基本要领有什么？

（1）力求谈话简洁，抓住要点；

（2）考虑到交谈对方的立场；

（3）使对方感到有被尊重的感觉；

（4）没有强迫对方的意思。

Q132. 接电话的基本礼仪有哪些？

（1）应在电话铃响3声内接起，如果超过3声，则应致歉；

（2）应首先介绍自己，表明身份，声音大小适中；

（3）应准备好纸笔记录下要点，包括时间、地点、对象和事件等重要事项；

（4）来电客户不满、抱怨时，即使客户有误会，也要静静地听完客户的怨言，再提出解释说明或澄清误会；

（5）在和客户谈话时，如遇其他客户来电，应向客户致歉后再去接电话。此时在电话中的交谈应尽可能简短，避免让客户久等；

（6）应在确认对方已挂电话后轻轻放回话筒。

Q133. 打电话的基本礼仪有哪些？

（1）应考虑打电话的时间，并注意确认对方的电话号码、姓名，以免打错电话；

（2）应准备好所需用到的资料或提纲；

（3）讲话的内容要有次序、简洁、明了，时间不宜过长；

（4）如果发生电话中断等情况，应主动立即再拨打过去，并致歉。

Q134. 赴宴的基本礼仪有哪些？

（1）接到邀请时应表示感谢，并要严守时间，准时赴宴，赴宴时穿着应大方得体、干净整齐；

（2）进入宴会场所时应先与主人打招呼，入座时的座位应遵从主人的安排；

（3）用餐一般是在主人示意开始后方可进行，并注意用餐时的礼貌；

（4）宴会结束后，应先让主人和主宾离席，其余依次离席。

Q135. 宴请的基本礼仪有哪些？

（1）较正式的宴请要提前一周左右发请柬，已经口头约好的，仍应外送请柬；

（2）作为主人应在客人到达之前安排好座位，以便客人来了入座；

（3）穿着应大方得体、干净整洁，在宴会开始前在门口迎接来宾；

（4）宴会开始后，应主动招呼客人用餐，并注意礼貌。

Q136. 点菜时应注意哪些礼仪？

点菜礼仪主要涉及点菜和准备菜单两方面。

点菜时，不仅要考虑到吃饱、吃好，而且必须量力而行。如果为了讲排场、装门面，而在点菜时大点、特点，甚至乱点一通，不仅对自己没好处，而且还会招人笑话。这时，一定要心中有数，力求做到不超支，不乱花，不铺张浪费。可以点套餐或包桌，这样费用固定，菜肴的档次和数量相对固定，省事。也可以根据“个人预算”，在用餐时现场临时点菜。这样不但自由度较大，而且可以兼顾个人的财力和口味。

被请者在点菜时可以告诉做东者自己没有特殊要求，请对方随便点，这实际上正是对方欢迎的做法。或者是认真点上一个不太贵的而又不是大家忌口的菜，再请其他人点。别人点的菜无论如何都不要挑三拣四。

在宴请之前，主人需要事先对菜单进行再三斟酌。在准备菜单的时候，主人要着重考虑哪些菜可以选用，哪些菜不能用。在安排菜单时，还必须考虑来宾的饮食禁忌，特别是要对主宾的饮食禁忌高度重视。宗教的饮食禁忌不能疏忽大意。例如，穆斯林通常不吃猪肉，并且不喝酒。国内的佛教徒不吃荤腥食品，它不仅指的是不吃肉食，而且不吃包括葱、蒜、韭菜、芥末等气味刺鼻的食物。

Q137. 敬酒礼仪有哪些?

敬酒也就是祝酒，是指在正式宴会上由男主人向来宾提议，提出某个事由而饮酒。在饮酒时，通常要讲一些祝愿、祝福类的话甚至主人和宾主还要发表一篇专门的祝酒词。祝酒词内容越短越好。

敬酒可以随时在饮酒的过程中进行。要是致正式祝酒词，就应在特定的时间进行，并不能因此影响来宾的用餐。祝酒词适合在宾主入座后、用餐前开始，也可以在吃过主菜后、甜品上桌前进行。

Q138. 桌次和座位礼仪有哪些?

在宴请中，桌次与座位是一个不可忽视的问题。礼宾次序是安排座位的主要依据。我国习惯按客人本身的职务排列，以便谈话，如夫人出席，通常把女方安排在一起，即主宾坐在男主人右上方，其夫人坐在女主人右上方。两桌以上的宴会，其他各桌第一主人的位置一般与主人主桌上的位置相同，也可以面对主桌的位置为主位。

在具体安排座位时，还应考虑其他因素。例如，双方关系紧张的应尽量避免安排在一起，身份大体相同，或同一专业的可安排在一起。

恰当地用桌次和座位的安排显示地位，表达尊敬，将会为你的赴会和宴请增添礼仪之邦的风采，并取得特定的效果。

Q139. 索取名片的方法有哪些？

（1）交易法：主动将名片给对方。

（2）激将法：递名片时说："能否有幸和您交换一下名片？"

（3）谦恭法：递名片时说："不知道以后如何向您请教？"

（4）平等法：递名片时说："认识你很荣幸，不知道以后怎么和你联系？"

Q140. 接收名片的礼仪有哪些？

（1）必须起身接名片，并双手接拿。

（2）接过后要点头致谢，不要立即收起来或随意摆弄，而是认真读一遍，要注意对方的姓名、职务、职称，并轻读不出声，以示敬重。对没有把握念对的姓名，可以请教一下对方，然后将名片放入自己口袋或手提包、名片夹中。

（3）有来有往，请记住要将自己的名片送给对方。

（4）切忌在接收的名片上做标记或写字。

（5）不要将对方的名片遗忘在座位上，或存放时不注意落在地上。

Q141. 递交名片的礼仪有哪些？

（1）递名片的次序是由下级或访问方先递名片，如是介绍时，应由先被介绍方递名片，递名片时，应说些"请多关照"、"请多指教"之类的寒暄语。

（2）递名片时最好用双手，名片的正方应该对着对方、名字向着客户，最好拿名片的下端，以弧状的方式递交于对方的胸前，让客户易于接受。

（3）互换名片时，应用右手拿着自己的名片，用左手接对方的名片后，用双手托住，并要看一遍对方职务、姓名等。

（4）如在会议室等场所遇到多数人相互交换名片时，可按对方座次排列名片。

Q142. 拜访客户的步骤有哪些？

（1）拜访准备

① 确定拜访的目的，提前准备拜访预案，明确拜访重点。

② 一般拜访客户可以分为一般性接触、建立关系、了解实质性内容、建立长期合作关系 4 个方面。

③ 要明确向客户介绍的内容或解答客户关心的问题。

④ 事先确定拜访的方式。拜访的方式包括两种：电话拜访和上门拜访。

⑤ 正式拜访前，至少提前一天和客户预约。

(2) 上门拜访

① 严格遵守预约时间，且至少提前5分钟到达预约地点。

② 拜访开始时，首先要营造出良好的洽谈氛围，包括态度友好地自我介绍、介绍拜访目的及时限等。

③ 要采取灵活多样的方式鼓励客户交流，打消客户的顾虑。

④ 对客户不同的行为要采取不同的反应。当客户不太喜欢交谈时，应避免封闭式问题，利用开放式问题引导客户的思路；尽量和客户建立相互信任的关系；找出共同语言及共同经历。当客户对服务不满、表示不欢迎时，应诚恳地向客户做出解释，勇于承认目前服务的不足及改进措施，避免反过来生客户的气。当客户因其他人而生气时，应保持不偏不倚的态度。

⑤ 拜访中要注意掌握技巧。提出问题以后，要注意力集中、仔细聆听，尽可能少说，保持适当的眼神接触，通过点头或中性词(如“嗯”、“啊”、“哦”等)表达自己的态度，要注意阶段性地与客户确认自己的理解是否正确，最后及时总结、归纳，并与客户核实。

⑥ 拜访结束时，及时总结要点，并就下一步工作达成共识，为今后的配合留下余地，最后对客户表示感谢，并申明本次洽谈很有意义。

⑦ 正式拜访结束后48小时内送出感谢函。

(3) 拜访成果共享

① 修改补充客户档案记录。

② 如果是与项目组共同拜访客户，要与项目组成员共同从拜访中找出关键信息(包括客户的近期及未来需求、对服务的评价和意见、客户内部的人员变动、调整信息、竞争对手采取的措施等)。

③ 作正式的拜访记录。首先确保拜访记录数据和信息的真实性和客观性，要确保能反映出客户的主观看法。

④ 完成后续工作。跟踪落实客户提出的要求，履行拜访中做出的承诺。

Q143. 如何回答客户的要求？

(1) 对于客户的书面来函，要在两个工作日内以书面形式答复客户。

(2) 电信业务员应了解“授权有限”。对于没有把握回答的客户问题，特别是有关优惠条件的问题，绝对不能当场承诺，但也不能简单地说“不”。超出自己权限的事情都必须及时向上级报告，经由内部商定后才可以回复客户。

(3) 当客户提出某项本企业尚未开办或资源不满足的业务需求时，应首先表明非常感谢客户的信任，并表示此业务一旦开通将立即告之，同时提出目前可解决客户困难的其他方式的建议。

第九章 沟通技能

Q144. 什么是沟通？

沟通是人们获取信息并在其指导下更加出色地进行工作必经的核心过程。良好的沟通不仅意味着把自己的思想整理得井然有序并将其进行适当的表述，使别人一听就懂，而且还要深入人心，促使听者全神贯注。

Q145. 沟通的原则有哪些？

如同做好任何一项工作都要遵循相应的原则一样，相互沟通也要遵循相应的原则。

(1) 尊重原则

相互尊重是有效沟通的前提。在沟通的过程中，听不进别人的意见、建议，盛气凌人、刚愎自用等，这些都是不够尊重他人的表现。在讨论问题时坚持并保留自己的意见，这是十分正常的，但沟通的双方一定要相互尊重，如尊重人格、尊重不同观点等。

(2) 坦诚原则

在沟通过程中坦率、真诚，有什么不同意见、建议直言相告，开诚布公，这有利于提高沟通的效果。反之，如果沟通双方缺乏坦诚的态度，相互指责、攻击，不仅无助于问题的解决，而且还会扩大乃至激化矛盾。

（3）平等原则

在沟通过程中要克服地位、职务的障碍，以与沟通者平等的身份参与沟通。在与客户沟通中不能见到经济条件好的客户就笑脸相迎，而刻薄地对待经济条件差的客户。

（4）开放原则

沟通者以开放的心灵和胸襟同他人沟通，乐于接受新思想、新观念和新知识，在沟通过程中不隐瞒个人思想和观点；反之，抱有自以为是、固步自封的心态，就会失去向别人学习的机会。

（5）真实原则

沟通是传递信息的过程，虚假的信息不仅严重制约沟通的质量，而且还会导致决策失误。因此，在沟通过程中要讲真话、讲实话，这有利于达到通过沟通解决问题的目的。在营销过程中，不能对产品功效盲目夸大，否则反而会使电信业务员失去可信度。

（6）合作原则

沟通的目的之一是为了合作，如部门之间的合作，电信业务员与客户沟通也是要寻求一种合作关系。因此，作为沟通者要以合作的心态对待沟通。在沟通的过程中，双方相互理解、信任和支持的因素是十分重要的，而这些因素能否形成和强化，取决于双方是否具有真诚的合作意识。

Q146. 沟通模型的要素有哪些？

一个典型的沟通模型有 9 个要素（见图 9-1）。

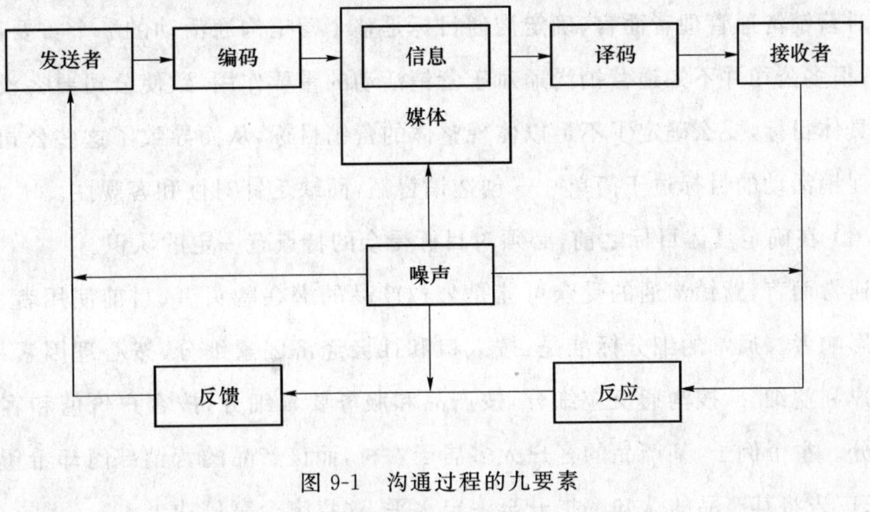

图 9-1 沟通过程的九要素

在这9个要素中,发送者和接收者是营销沟通的两个主要方面:发送者是信息传递的主体,接收者是沟通的对象,媒体和信息是沟通的手段。为达到有效沟通的目的,发送者必须清楚他们打算将信息传给谁,他们希望得到什么反应;在编制信息时,他们须考虑目标受众通常会如何理解信息,以避免两者不相吻合;他们还需要清楚应该通过何种媒体使信息顺利到达目标受众;最后,他们还要广开反馈渠道,尽可能多地了解接收者对信息的反应。

Q147. 在沟通模型中,企业向客户传递信息的形式有哪两种?

企业向客户传递信息的形式有两种:一种是单向传递,即卖方发出信息,买方接收信息,如广告和营业通告方式;另一种是双向传递,即卖方和买方都是信息的发送者和接收者,如企业派遣推销员面对面地说服客户。显然,能及时得到信息反馈是双向传递方式的一个明显优点。

Q148. 营销沟通的步骤有哪些?

(1) 确定营销沟通目标;

(2) 设计营销沟通信息;

(3) 选择沟通渠道;

(4) 编制营销沟通预算。

Q149. 确定营销沟通目标的步骤有哪些?

对营销沟通管理者而言,确定沟通目标是整个营销沟通活动的一个重要部分。但是,很多公司并不知道营销沟通对于营销活动的重要作用,致使公司要么没有确定的具体目标,要么确定了不足以体现整体的营销目标,从而导致了这些公司的广告和促销活动的目标过于简单——创造销售额,而缺乏针对性和客观性。

(1) 在确定具体目标之前,必须对目标受众的特点有一定的认识。

通常而言,营销沟通的受众可能是公司产品的潜在购买者、目前使用者、决策者或影响者。通常的细分标准是:按人口和社会经济因素细分,按心理因素细分,按客户利益细分,按沟通反应细分,按产品和服务要素细分,按客户价值和客户关系细分。举个例子,某产品的客户大多居于农村,而该产品的营销部门却希望通过报纸、广告将其产品的认知率提升至一定水平,这肯定会事倍功半。

（2）营销者必须设定所期望的受众反应。

营销沟通就是向客户灌输信息来改变客户的态度，或者使客户产生行动。所以，营销沟通的目标是根据客户的反应设定的。

（3）在制定目标时要避免两种误解：即营销目标就是沟通目标，或增加销售额就是沟通目标。

营销目标是指一个公司在一个特定期限内所要完成的任务和努力的方向，它一般体现在营销计划中以销售额、市场份额、利润和投资效益率等具体可计量的指标来定义，并限定实现目标的期限（一般是一年）。然而，以销售额、市场份额、利润和投资效益率等作为沟通目标并不恰当，因为它是整个营销活动的目标，而实现这一战略性目标则依赖于计划、生产、定价决策和沟通等多方面因素。

Q150. 从哪几个方面设计营销沟通信息？

营销沟通信息是沟通活动的核心问题，应该从以下几方面来设计。

（1）确定营销沟通的内容

营销企业与客户进行沟通的目的在于提高和改善客户对企业产品的认知，从而影响客户的购买决策。营销企业在设计沟通信息时首先要考虑诉求的主题与销售主张。对于企业而言，他们在与客户的沟通中要突出的就是他们的销售主张，即客户购买本企业产品的理由。

（2）设计沟通信息的结构

信息结构主要考虑如何处理和给出信息结论，包括决定使用单面（只谈及优点或缺点）还是双面（不仅谈及优点，也谈及缺点）的论证，以及如何安排信息重点顺序等内容。在信息开头提出最有力的论点，可产生首位效应（即最早提出的信息最有效），放在末尾则可产生近因效应（即最后出现的论点最有说服力）。至于最有力的卖点应该放在开头还是结尾，要视其他一些因素而定。如果目标受众与营销者立场相反，那么放在开头可以减轻反对程度。

在信息设计中应该注意：第一，不要言过其实；第二，所有经过设计的信息都必须加以整合才能获得一致，一个真正的主题可以与每一个营销沟通功能成功地结合，以达到整合营销创造、发挥信息凝聚力的目的；第三，一个经过设计的信息应该能提高品牌的知名度与形象；第四，那些用来争取客户的信息，在执行时必须能帮助潜在客户做自我选择，同时鼓励他们提供个人资料；第五，沟通信息资料应尽量体现个性化，避免大众化。

Q151. 如何选择沟通渠道?

沟通渠道是指企业把经过设计的信息传递给客户或潜在客户的所有途径,包括媒体、人员推销、包装、活动、公关宣传等。

沟通任务:在促进购买者对企业及其产品的了解方面,广告成本效益最好,人员推销居其次;形成购买者对产品的信任,人员推销效果好,其次是广告;购买者订货与否及订货多少主要受推销访问影响,销售促进起协调作用。

沟通形式:沟通形式当然以面谈为最佳。不过,除非是一些价值高昂的产品或服务,多次的"一对一"交谈不具操作性,投入产出比不划算,这给电子邮件营销、电话等方式提供了广阔的发挥空间。无论是哪种形式,都各有其利弊。最佳的策略当然是互相配合、整体展开。

Q152. 如何编制营销沟通预算?

营销者面临的最关键的营销决策之一就是在营销沟通方面应投入多少费用,即如何科学地制定沟通活动的预算,要做好这一点非常困难。长期以来,我们把沟通当作一种支出而不是一种投入,认为这是一种增加成本、减少利润的行为,而并非是对增加销售额和市场份额的贡献。当公司处于困境时,首先砍掉的是广告和促销,即使广告和促销已经被证实在经济衰退时会更有作为。

编制营销沟通预算的基本方法是自上而下,包括尽力而为法、任意分配法、销售百分比法、竞争对等法和投资回报率法。为使预算更有效,应充分考虑营销沟通公司的沟通目标和主要的任务,使一系列沟通组合与沟通的具体目标相互匹配、相互促进,这是一个互动的过程。预算就是在这种循序渐进的过程中进行制定、分配、实施的。

Q153. 拜访沟通法的要点有哪些?

电信业务员要主动去客户处上门拜访,拜访沟通法最能体现沟通者的诚意。要点:

(1) 沟通目的明确。对沟通所要达到的目的、效果要明确。

(2) 事前通知对方。给沟通对方充分的思想和时间准备,这将有利于提高沟通的效果。

(3) 认真听取意见。学会倾听,虚心接纳别人的意见,即便客户所提出的意见是错的也要虚心接受，并进行委婉的解释。

（4）事先要对拜访的对象做一个初步的了解，包括职务、日程安排、性格、爱好等方面，以便寻找共同话题，使会谈过程更加融洽，同时也可以预防一些意外因素。

Q154. 电话沟通法的要点有哪些？

电话沟通法是以电话为信息交流工具的沟通方式。电话沟通的特点是时间短、简洁明了。电信业务员可以打电话和客户沟通，这样既可以经常向客户介绍新业务，保持和客户的联系，也能节省不少时间。

电话沟通法的要点：

（1）事先作好准备。对沟通的内容、重点、目的要作好充分的思想和心理准备。

（2）通话时间简短。通话时应抓住主题，用词简洁、准确，忌漫无边际、辞不达意。

Q155. 实现良好沟通的原则是什么？

实现良好沟通的最基本原则是：

（1）有效

服务最基本的要求是做该做的事，做客户期望你去做的事。首先不要想当然地认为你做的就是客户想要的，这不是以客户为中心的思维方式。有效是使客户满意的钥匙，而有效的关键是让客户得到他所想要的。为了保持有效，所有的客户服务人员都必须在专业领域拥有熟练的技巧。

（2）可靠

可靠就是坚持服务品质的持续性，让客户在任何时候，尤其是最需要你的时候可以找得到你并有所依靠。在最困难的处境中，服务的可靠性会更加大放异彩，会更能抚慰客户。

（3）守信

信守承诺是客户服务中最基本和最重要的要素。如果你答应客户的没有做到，就会使客户不满，所以必须清楚客户对产品及服务的感觉，这样才能使他们满意。

（4）理解

客户渴望被理解，这是客户满意的前提。心领神会来源于我们对他人的同情和关注，不是以自我为中心，而是以客户为中心。给予客户承诺和关心不是一件简单的事情，但也不是不可能的。我们可以从更多地关心他人和分享使人愉快的技巧做起，一点一滴“积蓄”我们的爱心。

Q156. 电话沟通中有哪些主要障碍？

电话沟通的主要障碍有：

恐惧、假定、迟钝、含糊、不满、自大、语意不明、地位高低造成的隔阂、年龄产生的代沟等，还有学历、性别等原因也会造成沟通与交流的障碍。

Q157. 做到准确表达的关键是什么？

准确表达的要素主要有简洁、专业、自信、停顿、流畅。

(1) 简洁

由于在电话中通话时间有限，加上与我们通电话的人都很忙，所以，在电话中用词简洁就十分重要。一方面是指用词要简洁；另一方面也指在电话中尽量不要谈及太多与业务无关的内容，避免多余的话，以节省自己和客户的时间。

(2) 专业

作为一名顾问型的电信业务员，产品、行业、竞争对手等方面的专业知识无疑是很重要的，这种专业性只有通过我们的声音来传递。如果我们在客户面前丧失了专业性，客户就失去了对我们的信赖。与客户沟通的过程中，电信业务员尽可能不要使用技术性专业词汇，除非我们知道对方是相关方面的专家。

如何才能提高我们的专业性？一方面同我们的专业知识有关；另一方面我们也要注意在自己的言辞上要自信，用肯定的语气。

(3) 自信

自信与专业性不同，专业水平高的人不一定自信；而且自信和谦虚又不同，我们中国人自古以来就是以谦虚自称，但在营销服务中谦虚并不是一件十分好的事。

(4) 停顿

停顿也很重要。停顿可以吸引客户的注意力，可以让客户有机会思考，可以让客户主动参与到电话沟通中来，也可以使我们与客户的沟通更有趣味。

举例来说，在营销工作中很多电信业务员都十分头疼的一个问题就是，如何判断客户是在听他们讲话呢，还是在想什么其他的事情？最好的办法就是停顿。当我们停顿的时候，根据客户的反应就可以知道对方有没有在听电话。当然，客户有没有及时反馈信息也是判断的一个重要办法。

（5）流畅

电信业务员的感染力也体现在讲话的方式上，其中重要的一点就是是否流畅。同时，讲话是否流畅也会影响到我们在客户心目中的专业程度。

Q158. 电话沟通时，认真倾听有哪些作用？

（1）倾听能与客户建立良好的关系

一位具有良好聆听技巧的电信业务员，可以说是沉默的奉承者，他透露给别人的信息就是“你的意见和你的感受对我来说是最重要的”。

（2）倾听是了解客户的最重要途径

如果电信业务员能主动、积极地运用倾听技巧倾听客户说话，客户就会放松自我，并与电信业务员建立起良好的沟通和信任关系，主动为电信业务员提供有用的信息。

（3）倾听是缓解紧张气氛的润滑剂

倾听是缓解冲突的润滑剂，也是平息客户不满，并搭建起沟通桥梁的最有效的方式。电信业务员的倾听能让客户压抑在心中的怨气得以释放，这样可以有效地帮助客户放松自我，消除防范的心理，缓解紧张气氛。

Q159. 倾听有哪些技巧？

了解客户在“话里”和“话外”表达的问题与期望，同时让客户感到企业的重视与关怀，可以为解决问题奠定良好的基础。

（1）适时提问：适时的提问能起到澄清问题、掌握更多信息的作用。当在倾听过程中捕捉到一些有用信息时，为了更多地了解有用细节，应当在客户讲完后请客户有针对性地多介绍一些情况。用提炼过的语言概括复述一些要点以求双方的了解是有效的。

（2）及时回应：及时给予回应，并表示理解。

（3）创建信任：如果电话那头是一个发怒的客户，请宽容地去倾听，因为客户不知道你是谁，这怒火不是针对你个人的。当你成功地了解了客户的问题，积极地给予解决，也许客户还是不知道你是谁，但客户会牢记在你所服务的企业自己所受到的理解、尊重与礼遇。

（4）彬彬有礼：倾听的过程中积极地认同客户，并对客户的回答表示感谢，都会让客户感到被尊重。

(5) 耐心与理解:不要自以为了解了客户要说的话而打断客户的叙述。

(6) 感同身受:向客户表示你对客户的抱怨和不满非常重视。

(7) 沉着冷静:不可因客户的说话而表现出沉闷、尴尬或感到受威胁。

(8) 控制节奏:不应作出不成熟的未经思考的回应。

(9) 虚心好学:试着从每一位客户那里学习新的知识。

(10) 确认结果:通常我们在倾听的过程中会就客户反映的问题进行总结陈诉或就不清楚的部分请求客户解释,以此来避免沟通过程中的误解。同时为了确认客户对你的建议的理解,你可以问"需要我重复一下吗?""您认为这样您能接受吗?"

Q160. 倾听的过程中,如何克服各类干扰?

我们应当学会如何"聚精会神",必须要注意不受干扰影响。

(1) 对于嘈杂的工作环境,我们可以:

- 对于客户,可以约定另一个时间,换部电话;
- 对于同事,可以积极通过个人或领导进行协调;
- 对于自己,要集中精神;
- 保持安静的现场环境。

(2) 对于视觉上的干扰,我们可以:

- 将视觉集中于视平线以下,尽量避免人员出入频繁的地方,或看着自己的资料;
- 用纸笔记录客户讲话的重点;
- 适时的重复或者向客户提问。

(3) 感到疲劳时,我们可以:

- 调整好自己的休息时间和心态;
- 利用小休时间到窗外呼吸新鲜空气;
- 喝冰水、茶,洗洗脸,站起来1分钟想象一些与客户沟通中成功的案例。

(4) 客户语速过快或有浓重的口音时,我们应该:

- 认真倾听,澄清客户的意图;
- 请客户尽量放慢语速;
- 要多宽容,多求证。

(5) 客户过于赘述时,我们应该:

- 善用提问技巧,控制谈话方向;

• 抓住客户的主要问题；

• 适当插话；

• 要表现出有耐心。

(6) 客户的言语充满主观色彩时，我们应该：

• 要注意倾听主要事实，区别事实与个人观点；

• 适时肯定客户，并通过提问等技巧将谈话放在主要事实上；

• 帮助客户保持冷静你才能听得好，心胸广阔、注意自我控制，暂时不要作出判断；

• 平静自己的心情与态度。

Q161. 电话沟通中，提问有哪些技巧？

(1) 每次发问一个问题；

(2) 避免发问过长的问题；

(3) 给予对方时间作回应；

(4) 数量要少而精；

(5) 要紧紧环绕谈话内容；

(6) 把握时机；

(7) 适时告诉客户你为什么要问这个问题。

Q162. 电话沟通中，表达有哪些技巧？

有效的口头表达是声音素质和其他个人素质综合作用的结果。在沟通中，我们应该注意：

(1) 说话时要热情、真诚、耐心；

(2) 把握好语气、语调、语速；

(3) 措辞要简洁、专业、文雅。

Q163. 电话沟通中，记录的内容应该包括哪些？

(1) 客户的姓名、联系电话；

(2) 客户的一些想法、需求，客户遇到的难题，客户各方面的要求；

(3) 客户特别强调的方面；

(4) 客户的一些数字。

Q164. 记录信息的技巧有哪些？

（1）在记录诉求信息时要将听到的词句尽量精简，学会用最少的记录来体现最完备的信息。

（2）对于客户传递的信息要边听边分析边评估，并在所记录的信息旁边写上自己的一些分析，以便于我们向客户确认理解是否准确。

（3）在记录的同时尽可能捕捉客户表达中的有用信息放入客户信息系统，有些基本情况原本专门收集可能都不容易得到。

（4）及时处理获得的信息。

Q165. 客户情绪类型有哪些？

客户情绪是一个非常复杂的情感综合体，它和每个人的个性、资历甚至血型等密切相关，不可能确切地进行分类。但为了增加营销工作的针对性，根据客户的情绪特征，大致可将其分为以下 9 类：内向型、随和型、刚强型、神经质型、虚荣型、好斗型、顽固型、怀疑型和沉默型。

Q166. 试举例说明电话沟通的技巧。

（1）多使用正面的用语

- “我们的秘书服务股票信息点播不能够超过 80 条。”（错误）
- “我们的秘书服务股票信息点播最多可以有 80 条呢。”（正确）
- “紧急开机最快要两个工作日。”（错误）
- “现在紧急开机只需要两个工作日就可以了。”（正确）
- “您必须提供当地户口的担保。”（错误）
- “需要您提供当地户口的担保。”（正确）

（2）禁止质问。不要质问客户，这会让客户感觉不受尊重。

- “你明不明白？”（错误）
- “王小姐，不知我说得清楚吗？”（正确）
- “你开通手机邮箱服务没有啊？”（错误）
- “王小姐，不知您能否确认您开通了手机邮箱服务？”（正确）

（3）说好“请”字。获取客户资料时尽量使用“请”字，尽量使用升调。

- “请告诉我您的手机号码好吗？”

- “请告诉我您的全名好吗?”
- “请您稍等。”

Q167. 电话沟通中如何对客户进行解释?

解释主要是消除客户的疑虑,纠正客户的错误看法,用劝导的方式、说明、解释并引导客户对问题的认识。因此,回答客户的提问时要掌握的原则性技巧有4个。

(1) 简明扼要,意在澄清事实

要根据客户是否能理解谈话的主旨,以及对谈话中重要情况理解的程度,来调整说话的速度,避免长篇大论。在向客户解释的过程中可适时地询问客户。如:“先生,我这样说您能理解吗?”

(2) 避免与客户争论

在电话沟通中,最忌讳与客户争论,需要在与客户的交谈中找出隐藏在客户心底的真正动机,有针对性地逐一加以解释说明。如:“先生,您在不知情时被开通业务且收费了,您的心情我非常理解,其实我们也非常希望客户能向我们举报这些不正规的SP商”。

(3) 讲究否定艺术

在任何情况下都不要直截了当地反驳客户,断然的否定很容易使客户产生抵触情绪。如:“先生,此项业务在使用时确实是先扣费的,所以您会觉得余额在减少,但是到下月出账时,您就会发觉其实此笔费用并未扣掉”。

(4) 保持沉着冷静

任何时候都要冷静地回答客户,即使是在客户完全错误的情况下也应沉得住气。如由于客户误解而破口大骂时,可以说:“先生您请讲,我在听,等您说完了,我再向您解释”。

Q168. 什么是开放式提问?

开放式的提问是指能让潜在客户充分发挥地阐述自己的意见、看法及陈述某些事实现况。例如:“您理想中的住家条件是什么?”“您对保险是抱着什么样的看法?”“您认为如何?”“您目前的使用状况如何?”开放式询问的目的是取得信息并让客户表达他的看法、想法。

Q169. 什么是闭锁式提问？

闭锁式的提问是让客户针对某个主题明确地回答“是”或是“否”。闭锁式提问有助于达到如下目的：获取客户的确认；在客户的确认点上，发挥自己的优点；引导客户进入您要谈的主题；缩小主题的范围；确定优先顺序。

Q170. 内向型客户的特征及应对方法是什么？

内向型客户生活比较封闭，对外界事物表现冷淡，习惯于和陌生人保持相当距离，对自己的小天地之中的变化异常敏感，在对待推销上他们的反应是不强烈。说服内向型客户，对电信业务员来说难度是相当大的。

应对方法：内向型客户对产品挑剔，对电信业务员的态度、言行、举止异常敏感，他们大多讨厌电信业务员过分热情，因为这与他们的性格格格不入。另外，对本类客户要注意投其所好，则容易谈得投机，否则会难以接近。

Q171. 随和型客户的特征及应对方法是什么？

随和型客户总体来看性格开朗，容易相处，内心防线较弱，对陌生人的戒备心理不如内向型客户强，他们容易被说服。

应对办法：随和型客户表面上是不喜欢当面拒绝别人的，所以要耐心地和他们周旋，这不会引起他们太多的反感。对于性格随和的客户，电信业务员的幽默、风趣自会起到意想不到的作用。但随和型客户有容易忘记自己诺言的缺点。

Q172. 刚强型客户的特征及应对方法是什么？

刚强型客户性格坚毅，个性严肃、正直，尤其是对待工作认真、严肃，决策谨慎，思维缜密。本类客户也是说服难点所在。

应对方法：在刚强型客户面前应守纪律，显示出严谨的工作作风，时间观念尤其要强。

Q173. 神经质型客户的特征及应对方法是什么？

神经质型客户对外界事物、人物反应异常敏感，且耿耿于怀；他们对自己所作的决策容易反悔；情绪不稳定，易激动。

应对方法：对待神经质型客户一定要有耐心，不能急躁，同时要记住言语谨慎。

如果能把握住对方的情绪变动，顺其自然，并且能在合适的时间提出自己的观点，那么成功就会属于你。

Q174. 虚荣型客户的特征及应对方法是什么？

虚荣型客户在与人交往时喜欢表现自己，突出自己，不喜欢听别人劝说，任性且嫉妒心较重。

应对方法：对待虚荣型客户要找到其熟悉并且感兴趣的话题，为他提供发表高见的机会，不要轻易反驳或打断其谈话。如果你能使客户开口附和你，那么他会在心情愉快的情况下做出令你满意的决策。记住不要轻易托出你的底盘。

Q175. 好斗型客户的特征及应对方法是什么？

好斗型客户好胜、顽固，同时对事物的判断比较专横，又喜欢将自己的想法强加于别人，征服欲强，尤其喜欢在细节上与人争个明白。

应对方法：对待好斗型客户一定要做好心理准备，准备好被他步步紧逼，必要时丢点面子，也许会使事情好办得多。但是你要记住"争论的胜利者往往是谈判的失败者"，千万不可以意气用事，贪图一时痛快。准备足够的数据资料、证明材料将会助你取得成功。再有，就是要防止对方提出额外要求，不要给对方突破口。

Q176. 顽固型客户的特征及应对方法是什么？

顽固型客户多为老年客户，在消费上具有特别偏好。他们对新产品往往不乐意接受，不愿意轻易改变原有的消费模式与结构。

应对方法：电信业务员不要试图在短时间内改变顽固型客户，否则容易引起对方反应强烈的抵触情绪和逆反心理，还是让你手中的资料、数据来说服对方比较有把握一些。对顽固型客户应该先发制人，不要给他表示拒绝的机会，因为对方一旦明确表态，再让他改变则有些难度了。

Q177. 怀疑型客户的特征及应对方法是什么？

怀疑型客户对产品和电信业务员的人格都会提出质疑。

应对方法：面对怀疑型的客户，你的自信心显得更为重要，不要受到客户的影响，要对产品充满信心。但不要企图以你的口才取胜，因为客户对你所说的话同样抱有怀疑态度，这时也许某些专业数据、专家评论会对你有帮助。

Q178.　沉默型客户的特征及应对方法是什么？

沉默型客户一般表现消极、陷入沉默的原因是多方面的。电信业务员如果不擅辞令会使整个局面僵持。

应对方法：可以提出一些简单的问题刺激客户的谈话欲望。如果客户对面前的产品缺乏专业知识并且兴趣不高，则一定要避免讨论技术性问题，而应该就其功能进行解说，打破沉默；若客户由于考虑问题过多而陷入沉默，不妨给对方一定的时间去思考，然后再提一些诱导性的问题来促使客户开口。

第十章 电信市场销售技能

Q179. 销售工作的步骤有哪些?

电信业务员的销售工作基本上可以有以下几个步骤:第 1 步,寻找潜在客户;第 2 步,接近潜在客户;第 3 步,选择目标客户;第 4 步,确认客户需求;第 5 步,展示电信产品;第 6 步,排除客户异议;第 7 步,与客户签约;第 8 步,售后跟踪。

这 8 个步骤是赢得客户的一个完整流程。第 8 步的售后跟踪能够使得 8 步法成为一个良性循环,帮助我们的电信业务员不断赢得新客户。

Q180. 寻找潜在客户的原则是什么?

在寻找潜在客户的过程中,可以参考以下“MAN”原则。

M:Money,代表“金钱”。该对象必须有一定的购买能力。

A:Authority,代表购买“决定权”。该对象对购买行为有决定、建议或反对的权力。

N:Need,代表“需求”。该对象有这方面(产品、服务)的需求。

Q181. 如何准确判断潜在客户购买欲望?

判断客户购买欲望的大小有 5 个要点。

(1) 对产品的关心程度:以购买房屋为例,买房时对房屋大小、隔间方式、公共设施、朝向等的关心程度。

(2) 对购入的关心程度:例如买房时对房屋的购买合同是否仔细研读或要求将合同条文增减,要求房屋内部隔间修改等。

(3)是否能符合各项需求:例如小孩上学、大人上班是否方便,附近是否有超级市场,是否符合安静的期望,左邻右舍是否有喧闹的营业场所等。

(4) 对产品是否信赖:对房屋使用的材料品牌是否满意、施工是否仔细、地基是否稳固等。

(5) 对销售企业是否有良好的印象:客户对电信业务员印象的好坏左右着潜在客户的购买欲望。

Q182. 如何准确判断客户购买能力?

判断潜在客户的购买能力可以从以下两个方面考虑。

(1) 信用状况:可从职业、身份地位等收入来源的状况判断是否有购买能力。

(2) 支付计划:可从客户期望一次付现,还是要求分期付款,首期支付金额的多少等,判断客户的购买能力。

经由客户购买欲望及购买能力两个因素的判断后,能够决定客户的购买时间,并作出下一步计划。

Q183. 什么是资料分析法?

资料分析法是指通过分析各种资料(统计资料、名录类资料、报章类资料等)寻找潜在客户的方法。其中,统计资料包括国家相关部门的统计调查报告、行业在报刊或期刊等上面刊登的统计调查资料、行业团体公布的调查统计资料等;名录类资料:客户名录(现有客户、旧客户、失去的客户)、同学名录、会员名录、协会名录、职员名录、名人录、电话黄页、公司年鉴、企业年鉴等;报章类资料包括普通报纸(广告、产业或金融方面的消息、零售消息、迁址消息、晋升或委派消息、订婚或结婚消息、建厂消息、诞生或死亡的消息、事故、犯罪记录、相关个人消息等)、专业性报纸和杂志(行业动向、同行活动情形等)。

Q184. 探寻潜在客户的一般性方法有哪些?

方法 1:主动访问;

方法 2：别人的介绍（客户、亲戚、朋友、长辈、校友等）；

方法 3：各种团体（社交团体、俱乐部等）；

方法 4：其他，包括邮寄宣传品，利用各种展览会和展示会，经常去风景区、娱乐场所等人口密集的地方走动。

Q185. 接近客户前的准备有哪些？

接近客户前的准备工作包括专业知识的准备、相关资料的准备和精神上的准备 3 个方面。

（1）专业知识的准备

① 如何提高销售业绩的知识；

电信业务员拜访的潜在客户的数量，乘以电信行业的成交率，就等于该业务员的业绩。对于一个特定行业来说，成交率基本上是稳定的，那么要提高业绩，比较可行的方法就是要拜访更多的客户；

电信业务员的销售业绩＝潜在客户的数量×电信行业的成交率

② 电信行业知识；

③ 市场营销知识。

（2）相关资料的收集

① 客户资料；

② 竞争对手的资料；

③ 销售机会与情况。

（3）精神上的准备

做好精神上的准备，简单地说就是保持热诚。常常有人说，他已经心灰意冷，什么事都不来劲。其实热诚是可以培养的，它来自暗示与活动。

① 自我暗示：人处在低潮时情绪低落，热诚当然大受打击。可是，它的复原非常迅速，只要通过自我暗示即能产生效力。戴尔·卡耐基(Dale Carne)说："做出热诚的模样，马上就会进入状况"。热诚深受暗示的影响，因此每当沮丧时，强迫自己呈现热诚，它立刻就会到来。

② 不断活动：心情郁闷时，最怕静止不动，那只会使情况更糟。最有效的方法就是动，不断的活动。只有不断的活动，才能去除郁闷，另觅生机，重新培养热诚。热诚永远伴随着活动来，所以我们得不断地给人打气、安慰别人、鼓励别人，表面上我们是在助人，其实获益最大的人是自己。

Q186. 接近客户前应具体搜集哪些相关资料？

（1）客户资料

一方面要拿出好的对客户有利的方案，另一方面要与客户建立良好的私人关系。因此，电信业务员需要搜集客户的相关资料，具体包括以下两个方面。

客户资料1：客户的背景资料。具体包括客户组织结构，联系电话、通信地址、网站、邮件，区分客户使用的部门、采购部门和支持部门，客户的业务情况、客户行业的主要应用，了解客户的具体使用、维护人员、管理层和高层客户、同类安装产品和使用状况。

客户资料2：购买决策相关人员的资料，具体包括个人情况（毕业的大学和专业、喜欢的书和杂志、喜欢的运动、常去的餐厅、喜欢的食物、是否喜欢宠物等）、阅读范围、家庭情况（有爱人吗？有孩子吗？他们在做什么？有车吗？住哪儿？）、社会活动情况（行程、客户机构其他同事的关系、是否参加其他商业组织）。

（2）竞争对手的资料

竞争对手的资料具体包括：竞争对手的产品使用情况，客户对竞争对手的满意度，竞争对手销售代表的名字、销售特点，竞争对手销售代表与客户之间的关系。

（3）销售机会与情况

销售机会与情况具体包括：客户最近的采购计划，客户这个项目主要解决的问题，采购决策人和影响者、谁做决定、谁确定采购指标，谁负责合同条款，谁负责安装维护，采购时间和预算。

Q187. 如何作好第一次面谈？

进行营销面谈是电信业务员最重要的工作之一，能否说服客户，实现交易，成败往往在此一举。

（1）面谈原则——利益与友谊兼顾

这就是说电信业务员在进行营销洽谈时应本着这样一个基本原则：既要为实现本企业和自身的经济利益而采取各种策略，又要把达到这一目标建立在不损害他人利益的共同发展的基础上。

（2）面谈方针——谋求一致

要保证营销洽谈的顺利进行，还应确定正确的洽谈方针，即谋求一致的方针，设法求得企业与客户之间的共同利益，使买卖双方互利互惠。

(3) 面谈气氛——和谐友好

只有在和谐的气氛中才能开诚布公、坦率地交谈。

(4) 面谈目标——自然适时切入正题

当电信业务员与客户之间建立了和谐友好的洽谈气氛后，双方就可以进入正式洽谈。开谈阶段，电信业务员应巧妙地把话题转入正题，顺利地提出面谈内容。

Q188. 开场白的要点有哪些？

(1) 称呼对方的名字(叫出对方的姓名及职称——每个人都喜欢自己的名字从别人的口中说出)；

(2) 自我介绍(清晰地说出自己的名字和企业名称)；

(3) 感谢对方的接见(诚恳地感谢对方能抽出时间接见你)；

(4) 寒暄(根据事前对客户的准备资料，表达对客户的赞美，或能配合客户的状况选一些对方能容易谈论及感兴趣的话题)；

(5) 表达拜访的理由(以自信的态度，清晰地表达出拜访的理由，让客户感觉你很专业，值得信赖)；

(6) 讲赞美及询问。每一个人都希望被赞美，可在赞美后，以接着询问的方式引导客户的注意、兴趣及需求。

Q189. 在第一次拜访中，建立客户信赖的关键点有哪些？

在第一次拜访中要让客户建立信赖感，电信业务员需要记住下面的 6 条：

(1) 注重自身形象的树立，衣着得体，大方坦诚；

(2) 给接待者好印象，等于是给接见者好印象；

(3) 认同客户的一切观点。在第一次见面的场合中，如果对方的说法有错误，要提出修正，可以说明："有一些人认为……"，然后提出反驳；

(4) 巧妙地使用赞美；

(5) 应做个好听众；

(6) 谈话中多使用对方的名字便可记住，道谢时也一并提出对方的名字。

Q190. 什么是 FABE 法？

FABE 法是商品展示说明的常用方法，即将销售的商品先按特征来分类，并把这些特征所具有的优势找出来，判断究竟商品的哪些优势可以和客户的利益相结合，并拿出证据证明其符合客户的利益，或者让客户在实际使用中加以印证。

(1) F(Features)：特征，指本项产品的特质、特性，以及它是如何用来满足客户的通信需要的。营销员需要发掘产品的潜质，努力寻找竞争对手和其他人忽略的、没想到的特性，即所谓独特的卖点。

(2) A(Advantages)：优势，指产品特征究竟发挥了什么功能，对使用者能提供什么好处。推介新产品较其他产品的优势所在，推介产品较同行业类似产品的优势所在。

(3) B(Benefits)：利益，指产品是否能真正带给客户利益。利益推销已成为推销的主流理念，因此要一切以客户利益为中心，通过强调客户得到的利益、好处激发客户的购买欲望。另外，要学会锁定独特价值。也就是说，对客户所能获得的利益再进一步地进行强调和阐述。

(4) E(Evidence)：证据，指所有可以用来证明你所推介产品的特性、优势、利益等方面真实性的东西。证据具有足够的客观性、权威性、可靠性和可见证性，如证明书、样品、商品展示说明、各种介质的宣传广告。

Q191. 什么是数字化法？

应用数字化的技巧是非常重要的一个方法。将产品利益数字化，或是特别强调数字(利益)，会使你对产品的说明更清楚、明确且更具吸引力。

Q192. 什么是对比化推介法？

在推介商品的时候客户一定会提出一些异议，有很多时候他会拿你的商品跟同类型商品比，这个时候就不要怕货比货，要通过比较把产品的优势自然地显示出来。

Q193. 什么是比拟描绘法？

因为电话营销有时候没有办法直接令对方看到商品或是商品使用后的效果，你要能描绘出对方使用后的一种“远景”或者情况，来令对方产生幻想，达到满足。诉诸人的感觉要比诉诸人的理智会使对方更相信你的话。

Q194. 如何鉴别客户需求？

为客户介绍业务之后，必须分析以下几个问题：

(1) 客户是否有需求愿望

如果一个客户对销售员所提供的产品或服务毫无兴趣，那么和他的接触就毫无意义。如老年人一般对移动数据业务兴趣较低，高端客户不会去办理低端套餐等。

(2) 客户是否有购买能力

除了购买欲望之外，客户还必须有足够的购买能力。个人必须要有充足的收入，公司必须要有较好的支付信誉。向只能买得起小帆船的人销售豪华游艇纯属浪费时间。

(3)客户是否有购买决定权

当销售员向公司客户销售产品时，有时不一定清楚谁有最后的购买决定权。生产主管、工程师或采购主管通常要负责购买机器设备，一个购买决策通常要涉及很多人，如果不确定谁有购买决策权，就需要主动询问。在很多销售活动中，弄清丈夫还是妻子在购买中起决定作用还是两人共同起作用是十分重要的。

(4) 客户是否有资格购买

在一些情况下，一些客户并不具备购买资格。如身体欠佳的人不具备购买人寿保险的资格。如果公司只与批发商交易的话，那么有支付能力和购买欲望的零售商也不具备购买资格。

Q195. 如何有效管理客户资源？

(1) 建立客户资料档案

了解目标客户的区别，对搜集到的目标客户资料进行建档整理，是进行有效的目标客户管理必不可少的步骤。因为通过对客户资料进行建档登记，电信业务员能够更加有效地制订开发和拜访方案，如何时、以何种方式、向哪类客户进行推销更能获得最好的效果。

(2) 鉴别客户角色

充分了解客户是电信业务员成功的关键所在，能影响电信业务员成败的角色可分 4 种：买方决策者、买方使用者、技术鉴定者、销售顾问。

(3) 对客户进行分类处理

优秀的电信业务员懂得如何利用目标客户的资源，他们既不会在无效客户身上浪费时间，也不会放过任何一个捕捉重要客户的机会。销售实践表明，电信业务员对目标客户的管理应该从紧迫性和重要性两个方面入手。

Q196. 影响电信业务员的客户角色的类型有哪些?

(1) 买方决策者

买方决策者是一个公司或团体中对购买具有最后决定权的人。换句话说,生意的成败完全取决于其说买或不买。总之,电信业务员一定要明白,找准具有购买决策权的人对自己业绩的提升有极大的帮助。

(2) 买方使用者

此类角色是指购买产品之后,实际操作或监督产品使用的人。

对于这类角色,电信业务员一定要给予足够的重视。因为这些人是产品的实际使用者和消费者,也就是说,他们的意见将直接影响决策人员。

通常来说,买方使用者比较注意电信业务员的促销方案及产品是否能带给他们的部门更高的生产效率。因此,电信业务员只要能圆满地回答"你的产品或服务对我有什么好处"这一问题,就能够得到他们的支持。

(3) 技术鉴定者

这类角色对电信业务员的产品或服务通常没有批准权,却具有否决权。他们的任务是判断决策者提案中的技术层面的问题,提出采购的技术性标准,决定哪些电信业务员的产品或服务适合组织的需要。

技术鉴定者关心的焦点在产品本身。他们根据电信业务员的产品是否符合他们的某个专业标准来决定电信业务员是否有资格和他们的公司打交道。

因此,电信业务员必须十分了解自己的产品,同时也必须清楚技术性买主的各种测验标准,这样才有机会得到他们的推荐与支持。

(4) 销售顾问

电信业务员如果想让生意成交,就要针对特定的销售目标找一位可靠的顾问。作为你的顾问,他不仅可以向你提供其所在公司、组织的情况,还可以告诉你公司中的重要人物分别扮演哪些角色。

销售顾问可能是公司某个部门的负责人,也可能是没有实权但消息灵通的工作人员。他不会关注你所卖的产品如何,却会为你提供有价值的情报信息。确定你的销售顾问的角色,要注意以下几点:

① 建立个人信誉;

② "眼观六路,耳听八方",从而选择合适的人选;

③ 以各种手段表现出你的诚意和对他的尊重。

Q197. 电信业务员如何从紧迫性和重要性两个方面对目标客户进行分类？

（1）根据紧迫性分类

紧迫性描述目标客户将在多长时间范围内做出对公司的产品或服务的购买决定。通常情况下，可将目标客户分为3大类：

① 在1个月内能做出购买决定的目标客户，称为渴望型客户；

② 在2个月内能做出购买决定的目标客户，称为有望型客户；

③ 在3个月内能做出购买决定的客户，称为观望型客户。

优秀的电信业务员会根据客户的不同类型安排不同的拜访，包括拜访频次和拜访深度等。

（2）根据重要性分类

重要性描述潜在客户可能购买公司产品或服务的数量的多少。虽然每个潜在客户对电信业务员来说都是非常重要的，但根据二八原则，优秀的电信业务员更应该关注带来80%利润的20%的关键客户。

为此，可以根据公司的业务情况将客户分为3类：

① 关键客户，这类客户需要电信业务员投入更多的时间和精力，增加访问频次，提高访问深度；

② 重要客户，这类客户应该安排合适的访问频次和内容；

③ 一般客户，这类客户维持正常的访问频次与内容即可。

Q198. 异议处理有哪几步？

异议处理的5个步骤如下。

（1）乐观对待

当客户提出异议时，电信业务员首先应该以乐观的态度来面对客户的异议，把它看成是成交的机会。

（2）识别真假

通常来说，客户异议分为3种类型：真实的异议、隐含的异议和虚假的异议。

① 真实的异议。真实的异议指客户表示目前没有需要，或产品不满意，或对产品抱有偏见等真实的想法。例如，从朋友那里听说此种产品容易出故障，就直接向电信业务员说明。

② 隐含的异议。隐含的异议指客户并不把真正的异议提出，而是提出真的异

议或假的异议，目的是要借此假象达成隐藏异议解决的有利环境。例如，客户希望降价，但却提出其他如品质、外观等异议，以降低产品的价值，从而达成降价的目的。

③ 虚假的异议。虚假的异议分为两种：一种是客户用借口、敷衍的方式应付电信业务员，目的是不想诚意地和电信业务员交流，不想真心介入消费的活动；另一种是客户提出很多异议，但这些异议并不是他们真正在意的地方。

(3) 征询理解

电信业务员听到客户的异议时，应表示出对客户所提意见的真诚欢迎，并聚精会神地倾听，千万不可加以干扰。另外，电信业务员必须承认客户的意见，以示对其尊重，当你提出相反意见时，客户也就比较容易接纳你的意见。

(4) 灵活应对

在销售过程中，电信业务员一定要把话说到客户的心坎里，这就需要运用巧妙灵活的推销策略。对客户的拒绝首先要积极应对、巧妙应对，若应付得当，其结果往往能达到你预期的目的。

(5) 留下后路

如果根据洽谈的结果认为一时不能与他成交，那就设法使日后重新洽谈的大门敞开，以期再有机会去讨论这些分歧。因此，要时时做好遭遇挫折的准备。如果你最后还想获得胜利的话，那么在这个时候便应"光荣地撤退"，不可稍露不快的神色。

即使推销失败，电信业务员也得与客户说再见。此时，你要自找台阶、自留后路，比如说："生意不在情谊在，有机会我再来拜访您"。这样给自己的回访和再次推销留下后路。

Q199. 处理异议的原则有哪些？

(1) 事前作好准备

俗话说，不打无准备的仗。这是营销的一个基本的原则。开始营销之前必须有所准备，想想客户可能会提哪些异议。通常情况下客户的异议都是有规律的，我们的业务有哪些特点及利益，那么在向客户推荐的时候客户可能会想到一些相反方面、坏的方面。有了准备，你就可以不用惊慌、从容不迫。

(2) 要选择恰当的时机

在客户异议尚未提出时就给予解答。俗话说，防患于未然。当觉察到客户会提出某种异议时，最好在客户提出之前就主动提出来并给予解释，这样可争取主动，先发制人，从而避免因纠正客户看法，或反驳客户的意见而引起的不快。

异议提出后应该立即回答。绝大多数客户提出的对于我们商品或者服务的异议都应该立即回答。这样既可以促使客户购买，又是对客户的尊重。在当时就把客户的疑虑解决掉，可以令他觉得他的异议得到重视。

(3) 争辩是第一大忌

永远不要跟客户争辩。争辩绝对不是解决问题的好方法。有的时候如果真的遇到了双方的争辩，或者遇到对方想要跟你争辩的时候，你也不妨采取一些幽默的方式，让这个场合顺其自然地过去。

(4) 接受、认同甚至赞美客户的意见

每个人心里都有一个思维定势，就是希望别人赞同自己，而不是处处为难、对抗自己。

正确的方式是，客户一旦说完，一定是先"接受"或是"认同"甚至于"赞美"他的话。这样可以避免客户对你产生反感，从而认同你，并愿意继续和你交谈。

如果你内心不认同客户的论点，请用"接受"的方式反应，不能对客户的意见表示轻视。如果客户的论调还不错就请用"认同"或"赞美"。但千万别为了赞美而赞美，以免让人觉得肉麻、虚伪，反而产生反效果。

Q200. 处理客户异议时，试列举哪些情况应保持沉默。

对于客户的异议，在有些情况下可以暂时保持沉默，或者不予回答。

(1) 暂时保持沉默

在以下 4 种情况下，我们可以对客户的异议暂时保持沉默。

① 如果异议显得模棱两可，含糊其词，让人费解。客户虽然提出了异议，但他可能并没有理清自己的异议要说明什么，只不过是随口说说；

② 如果异议显然站不住脚，不攻自破，是明显不成立的；

③ 异议不是三言两语可以辩解得了的，如果我们要去说服对方要花很多时间；

④ 没有足够的事实去真实有效的答复客户时，你也可以暂时保持沉默。

(2) 不予回答

对于一些无法回答的奇谈怪论、明知故问的发难等，就可以不予回答，可以采用的方法有：

① “沉默”，他提完之后不说话，沉默一会儿之后直接转到其他话题；

② 装作没听见，按自己的思路说下去，就当没发生；

③ 答非所问，悄悄地扭转对方的话题。

Q201. 处理异议的技巧有哪些？

(1) 化反对问题为“卖点”

当客户提出某些不购买的异议时，立即将客户的反对意见直接转换成他为什么必须购买的理由。

客户的反对问题有两种：一种是客户的拒绝借口，另一种是客户真正的困难。不管是哪一种，只要你有办法将反对问题转化为销售卖点，就能化危机为转机，进而变成“商机”。

(2) 善用客户的观点

在电话营销的过程中，必须养成敏锐的洞察力，对客户说的每一句话都应该有所判断，都能读出它的真意才对。应该记住客户曾经表达过的观点，并且在适当的时候应用出来，转化成说服客户的有利论点。

(3) FFF 法则

对价格有异议的时候，我们可以用 3F：Feel(感觉)、Felt(感受)、Find(发现)这 3 个词去跟客户沟通，让对方觉得我们是站在他的角度，然后让他觉得我们的产品和服务经得起推敲、值得信赖，对价格上的异议表示理解，然后更加让客户肯定我们的业务和服务是值得购买的。

(4) “是的，如果……”法

不要直接跟客户站在对立面，在肯定客户的基础上，不是直接否定客户，而是提出另外的可能性。尽量避免使用“但是”、“可是”等词汇否决客户。

(5) 引用法

善用与你的产品有关的分析数字、研究报告、新闻报道来说服客户。但要注意，要运用真凭实据，否则引用起来会心虚，也可能因为客户的常识丰富而被拆穿。

(6) 以退为进

当你尝试促成被拒之后，与其勉强且直接反驳客户的问题，不如先转移当时的话题，让客户认为你不会再继续说服他购买，当气氛稍有改变之后，你再继续尝试促成。如果在应用本技巧时，加上百折不挠、屡败屡战的精神，相信会产生许多令你满意的结果。

Q202. 有效的成交技巧有哪些？

(1) 直接请求成交法

客户发出明显的购买信号时就应该立即主动提出成交意向，提出成交要求时应该注意语气不应过于紧张、兴奋，发现客户心理压力过大时应采取措施适当缓解，不给客户造成心理压力。例如，电信业务员可以跟客户说："为了使您尽快可以享受，我现在就帮您办理，可以吗？"

(2) 替客户作决定

人在面临抉择的时候会害怕决定，更害怕作错决定。这时，他需要有人告诉他这个决定是正确的，是没有风险的。

(3) 假定成交法

假定成交法是营销人员在假定客户已经同意购买的基础上，通过讨论一些具体的问题而促成交易的方法。

(4) 二选一法

不要问"要不要"、"好不好"，而应该在假设客户同意的情况下提供选择："您选择 A 套餐还是 B 套餐？"

(5) 压力成交法

压力成交法适合已经动心的客户和准备购买、但又有些犹豫不决的客户。告诉客户如果再不下决定就会错过某些优惠等，往往可以促使客户决定购买。当然，使用压力成交法一定要诚实，不能欺骗客户。

(6) 可靠性成交法

可靠性成交法就是引用一些令客户觉得可靠、可以信赖的例子，使客户想要购买我们的产品。但是案例一定要选好，因为如果没有选好案例，反而会让客户觉得不值得信赖。

Q203. 当交易达成时，怎样应对客户？

当客户顺利地签下合约后，许多电信业务员往往"沾沾自喜"，有的甚至"忘乎所以"，结果导致了客户毁约现象的出现。事实上，客户签约并不意味着销售的完结，达成交易也不代表销售的圆满成功。那么当交易达成时，应该怎样做呢？

(1) 保持镇定自若

客户一旦签约，千万不要喜形于色，而要稳定自如。建议不要将签好的文件立即放入包中，否则，客户可能会有上当受骗的感觉。

(2) 避免喋喋不休

所谓“言多必失”，既然对方已经答应签约，就没有必要再口若悬河了。要时刻提醒自己注意言谈举止，不要乐昏了头。

(3) 莫忘谈钱

这个时候，销售款是否到位，表明了客户对购买所持的态度。在销售过程中，这是最重要的一环，千万不要因为不好意思而忽略这一点，这是决定成败的关键。

(4) 要进行销售总结

肯定客户的选择是明智的，给客户吃一颗“定心丸”，客户才会对你的产品充满信心。在实际的销售过程中，“推销总结说”起到举足轻重的作用。

(5) 适当运用附加式销售

附加式销售就是电信业务员提醒客户购买与他已购买的产品相关的产品，在达成原有交易的基础上，扩大交易额。附加式销售有以下几种途径。

① 最大优惠：告诉客户，如果多买一些可以给予某种优惠，如价格折扣、提供新的服务项目等。

② 建议购买相关产品：如客户申请电话，可以向他推荐宽带。

③ 建议客户购买能保护所购产品经久耐用、发挥功能、保证其不受损失等的辅助产品，如出售整机时出售配件、保养产品等。

④ 建议购买高档产品：大部分客户都会多掏点钱买质量更优、价值更高的商品。销售人员认为客户能从购买更贵、质量更高的商品中受益时，就要向客户推荐高档商品。

Q204. 当交易失败后，电信业务员应该以怎样的态度对待客户？

当电信业务员费了九牛二虎之力，最终仍然没有说服客户与其达成交易时，应该以怎样的态度来面对客户呢？

(1) 买卖不成仁义在

一些电信业务员面对失败心中感到沮丧，且在表情上有所流露，失魂落魄，言行无礼。古人讲“买卖不成仁义在”，这次没谈成生意，不等于今后不会再合作。因此，在这个时候，电信业务员更要注意自己的言行，留给客户一个良好的印象，争取赢得下一次的成功。

(2) 找出失败的原因

导致交易失败的原因多种多样，问题可能出在小细节上，也可能是原则性的问题。在你费尽口舌，使出浑身解数也无济于事时，不如向客户询问他不买的真实原因。

例如："××经理，虽然我知道我们的产品绝对适合您，可我的能力太差了，无法说服您，我认输了。不过，您是否可以指出我的不足，让我有一个改进的机会？"

像这种谦卑的话语，不但满足了对方的虚荣心，还有助于消除彼此之间的对抗情绪，没准你会因此而得到一张意料之外的订单。

(3) 为再次回访作好铺垫

有些电信业务员把客户的一次拒绝视为整个销售的失败。事实上，客户不购买的原因有很多，有可能只是暂时并不需要或者尚未认识到自己需要而已，电信业务员不应该放弃继续努力。很多交易就是在不断回访、不断说服的基础上达成的。因此，在一次交易失败后，不要忘记为自己的再次回访作好铺垫。

第十一章

电信客户投诉处理技能

Q205. 投诉的定义是什么？

投诉就是客户不满意的表示，是指客户因对涉及与本公司有关的问题得不到处理，产生不满而引起的诉求。

客户明确表达出来希望以此种方式来解决特定问题，满足特定要求。

当客户购买或使用产品和服务的时候，对产品本身和企业服务都抱有良好的期望，当期望和要求都得不到满足的时候，客户的心理就会失去平衡，由此产生的抱怨和不满的表示就是客户投诉。

Q206. 投诉类型有哪些？

从投诉的等级程度来分，可分为一般投诉、较难投诉、困难投诉和特殊投诉 4 种。

从投诉的内容来分，可分为产品投诉、服务投诉和价格投诉 3 种。

（1）产品投诉

产品投诉主要指各种业务使用方面的投诉，包括：

• 通信业务方面的投诉，如网络问题、互联互通、通话质量、漫游、长途来话、通话故障、话机终端、手机终端等；

- 智能网业务的投诉，如虚拟网、亲友电话等；
- 短消息业务的投诉，如无法发送、无法接收、催费短信、垃圾短信、重复短信等；
- 增值业务的投诉，如 SP 业务等；
- 宽带业务的投诉，如无法上网、网速过慢等；
- 其他业务的投诉，如通达城市、语音质量、接通率等。

(2) 服务投诉

服务投诉主要指服务质量方面的投诉，包括：

- 工作差错引起的投诉，如无用户资料、账号出错、账单补寄等；
- 服务态度引起的投诉，包括服务态度、业务能力等。

(3) 价格投诉

价格投诉主要指计费、收费方面的投诉，包括：

- 计费问题引起的投诉，如计费有误、边界误漫游等；
- 收费问题引起的投诉，如收费有误、缴费未到账、有效期有误等；
- 预付费卡引起的投诉，如卡的质量、制卡错误等；
- 停机、开机引起的投诉，如缴费后未及时开通、有余额未开机等。

Q207. 妥善处理投诉有什么意义？

对于企业来说，消费者就是市场，有了消费者就有了市场。满足了消费者的需求，企业的经济效益才能够实现。妥善处理投诉的意义在于：

(1) 恢复客户对企业的信赖

留住客户比赢得客户更重要，通过各方面的数据显示，争取一位新客户的成本要比留住一位老客户的成本高出 5 倍。每年只要留住 5%的客户，在 5 年内，公司利润将翻一番。销售给新客户成功的概率为 15%，而老客户的概率为 50%。

(2) 避免纠纷

妥善处理客户的投诉，可以避免引起更大的纠纷或者是恶性事件，要先思考成熟后再回答客户，不可激化矛盾，造成不良影响。

(3) 收集信息，了解自身的盲目区域

我们目前的服务中也存在着必须要关注的区域，要尽可能地缩小自身的盲目区域。

Q208. 处理投诉的原则是什么？

处理任何一宗投诉，首先要有正确对待投诉的态度，然后分析产生客户投诉或引起客户不满的原因，考虑解决方案，获得客户认同。处理原则主要有3点。

(1) 理解客户的原则

理解客户的原则主要体现在对待客户的态度上，用心聆听及了解客户感受，并表示理解他的感受，有助于客户服务人员与客户之间的良好沟通。站在客户的角度考虑问题，急客户所急，想客户所想。

(2) 首问负责的原则

根据“首因效应理论”，最先接触到的事物给人留下的印象和影响，对人们后来形成的总印象具有较大的决定力和影响力。因此在接到投诉时，要按照首问负责制的要求及时受理投诉，并负责到底，有始有终，不互相推诿，谁受理，谁解决。让客户形成积极的第一印象。

(3) 寻求“双赢”的原则

寻求“双赢”的原则就是一方面通过妥善处理客户的投诉，让客户满意而归，从而成为公司的忠实客户；另一方面让公司和自己从客户投诉中吸取更多信息，更好地为客户提供服务。

Q209. 投诉处理有哪些步骤？

投诉处理可以分为6个步骤，即安抚客户、获取信息、分析原因、提出建议、达成协议、积极跟进。

Q210. 安抚客户的过程中应该注意哪些问题？

安抚客户时，要从客户的角度出发，同情和理解客户。

(1)正确做法

- 消除客户的疑虑；
- 让客户对电信业务员产生信任；
- 心平气和、态度自信肯定、语调自然、语音柔和；
- 带姓称呼客户，使客户感觉亲切，大多数人会停下来倾听；
- 当个案处理；
- 听与说的比例保持为7：3，让客户多说；

• 尊重客户的感受。

(2) 不当做法

• 防御性维护公司和自己；

• 与客户争辩；

• 急躁，表现出反感；

• 称之为不常见事件；

• 说“这种事情通常不会发生”；

• 问不相关的问题。

Q211. 获取信息的过程中应该注意哪些问题？

“先处理心情，后处理事情”，理解了客户的心情，稳定了客户的情绪后，在谈话过程中尽量通过开放式的问题，把客户从情绪的发泄引导到事件上面去，让他把问题讲述出来。只有了解事件的原委，才能对症下药，解决客户的不满。

(1) 正确做法

• 找出问题的实质，并弄清客户的真实感受；

• 给予客户足够的重视和关注；

• 控制客户的情绪，让其抒发不满；

• 认真、仔细倾听客户，保持冷静，同情、理解并安慰客户；

• 运用提问技巧，给客户充分诉说的机会；

• 注意对事件全过程进行仔细询问，语速不宜过快，要做详细的投诉记录；

• 留心倾听，适当的时候作出反应，如“对、没错、我明白……”；

• 对客户提出的疑问积极回复；

• 了解客户所期望的解决方案；

• 明确告诉客户等待的时间，一定在时限内将处理结果反馈给客户。

(2) 不当做法

• 做防御反应，一开始就做辩解；

• 对客户提出一连串的质问；

• 照读应答文稿；

• 表现匆忙或不耐烦；

• 否认客户的感受，打断客户的诉说；

• 当做个人事件，认为客户是针对自己。

Q212. 分析原因的过程中应该注意哪些问题?

分析原因,在客户抱怨的过程中找出问题发生的根源所在,并引导客户提供更多细节资料,以便于判断问题实质,为下一步提出处理意见打好基础。当了解整个事件的全部过程后,向客户核准自己的记录,以便确认客户陈述的准确性:运用“刚刚您所讲的就是这些对吗”或其他类似的话。

同时提供信息帮助客户,运用专业知识帮助客户分析导致这种情况的原因;如果无法判断,要告诉客户我们会跟相关部门联系,尽快帮他求证。

(1)正确做法

- 判断问题的实质,对客户的遭遇表示感同身受;
- 表示关注,适时地表示对客户的关心;
- 引用和总结客户的说话内容,重述要点,取得客户的认可;
- 用不同的提问技巧,以控制谈话的内容;
- 参考已摘录的客户需要,跟进应问但未问的问题。

(2) 不当做法

- 主观判断事件;
- 与客户争辩或贬抑;
- 反驳客户或抢话,态度轻视、冷漠或不耐烦;
- 找证明或借口;
- 让客户感觉这类投诉非常多;
- 推卸责任,在客户面前评论公司或其他部门、同事的不是;
- 在没有彻底了解清楚客户投诉的问题时,就马上将问题转交其他同事或相关部门处理。

Q213. 提出建议的过程中应该注意哪些问题?

明确客户投诉的目的后,向客户作出合理的解释,提出相应的处理建议,询问客户你能为他做什么,征询客户意见。

(1) 正确做法

- 换位思考,易地而处,从客户的角度出发作合理的解释或澄清;
- 提出暂时建议并说明建议的好处;
- 注意建议的措词要直截了当;

- 可按投诉类别和情况提出相应解决问题的具体措施（如可以，可提供多项选择给客户）；
- 向客户说明解决问题所需要的时间及其原因，如果客户不认可或拒绝接受解决方案，坦诚地向客户表示公司的规定；
- 按时限及时将需要后台处理的投诉记录传递给相关部门处理；
- 如建议在电信业务员能力或权限范围外，请先与上级领导商讨，再回复客户。

（2）不当做法

- 在客户没有提出要求赔偿之前，提及赔偿问题；
- 应用先例；
- 给客户压力；
- 要求客户站在你的观点上看问题。

Q214. 达成协议的过程中应该注意哪些问题？

提出建议后，引导客户赞同处理意见，并根据客户的意见作相应调整，直至客户表示满意为止。

（1）正确做法

- 重述你的建议步骤，确定客户对建议内容已经清晰，要作好调整的准备；
- 表示能为他解决问题是你的荣幸；
- 告诉客户日后有同样的问题可以怎样做，提示客户相关重要的问题；
- 告诉客户你如何跟进，有问题可以找你；
- 多谢客户提出意见。

（2）不当做法

- 作最大让步；
- 给客户压力；
- 表示客户不讲理；
- 给客户不相关的好处；
- 承诺你做不到的事；
- 让客户感到你很高兴把他打发掉了。

Q215. 积极跟进的过程中应该注意哪些问题？

要抱有对客户负责到底的精神，做好投诉处理的后续工作。对投诉处理后的客户进行回访，可以帮助公司对投诉处理服务质量进行控制，了解客户对投诉处理的满意程度，发掘客户潜在需求，同时还可能把投诉转化成另一个营销的机会。

正确的做法如下：

(1) 填写相关表格；

(2) 根据处理时限的要求，注意跟进投诉处理的进程；

(3) 及时将处理结果向投诉的客户反馈；

(4) 多与其他同事沟通；

(5) 如需再次回复客户，要根据与客户确定的时间回复；

(6) 关心、询问客户对处理结果的满意程度。

Q216. 投诉处理中，如何应对完全失控的客户？

(1) 保持平静的语气；

(2) 问一些简单的封闭式问题，安抚客户情绪；

(3) 如客户情绪仍然失控，请向上级请示。

Q217. 投诉处理中，如何应对倾听困难的客户？

(1) 礼貌地指出问题(太大声、太小声、太快、太慢)；

(2) 揣摩客户的意思，并以封闭式问题确认。

Q218. 投诉处理中，如何应对过于啰嗦的客户？

(1) 避免闲谈；

(2) 避免发问一些开放式问题；

(3) 加快你的提问步伐；

(4) 使用简短的答案；

(5) 任何时候都只围绕与服务有关的谈话。

Q219. 投诉处理中，如何应对过分被动的客户？

(1) 给予额外的耐性；

(2) 问题由浅入深；

(3) 问题由封闭式开始到开放式；

(4) 问题由大重点开始至详细的引申。

Q220.　投诉处理中，如何应对过于自信的客户？

（1）保持专业化的态度；

（2）不卑不亢；

（3）冷静处理。

Q221.　投诉处理中，如何应对言语粗鄙的客户？

（1）保持冷静；

（2）以微笑相待；

（3）让他们说出感受；

（4）用心倾听；

（5）找出激发这些情绪的成因；

（6）尝试令激动的客户平静下来；

（7）切勿针锋相对，恶意还击；

（8）如情况不受控制，向管理人员求助。

Q222.　试列举一些投诉处理时的有效用语。

以下用语可以有效地缓解客户的不满情绪，有利于更好地为客户服务。

（1）感同身受。例如，电信业务员可以说：

- “我也明白您的感受！”
- “这种情况发生在我身上，我也会有同感！”
- “如果我是您，我也会像您一样不满意。”
- “我懂您的想法。”
- “我们充分理解您的感受。”
- “我能理解您的意思。”
- “我知道您是多么烦恼。”
- “我知道您现在很不愉快。”

（2）表现责任感。例如，电信业务员可以说：

- “先生请不用担心，我会为您尽快跟进。”
- “如果有问题，您可以直接找我。”

(3) 诚挚地向客户表示歉意。例如，电信业务员可以说：

- “对于我们的错误，我郑重向您道歉。”
- “实在对不起。”
- “很抱歉，我们搞错了。”
- “是我们的错。”
- “我很抱歉给了您一张不正确的清单。”
- “对于您不愉快的经历我深表抱歉。”
- “我为我的同事没有向您提供有关的信息而道歉。”

(4) 向客户表示感谢。例如，电信业务员可以说：

“我们很感激您对我们不断提高服务而提供的信息反馈。”

第十二章 压力和情绪管理

Q223. 压力的含义是什么?

有人认为,压力是当一个人认识到当前的需要超出自己或社会所能提供资源范围的时候所感受到的一种状态或体验。当我们有足够的资源、经验和时间来处理事情的时候,很少会感受到压力。但当我们自己觉得自身能力和资源无法满足当前需求的时候,就会产生巨大的压力。因此从某种程度上说,压力是一种消极、负面的体验。但它并非不可避免,在很大程度上,它取决于我们对情境和自身能力的感知。

Q224. 压力的特点有哪些?

一般来说,压力有以下特点:

(1) 个体性

每个人感受到的压力不同,压力处于动态变化中,会逐步积累。不同的人对相同的压力事件会有不同的反应。在你看到某个人完成了许多工作后也许你会情不自禁地说:"我真不知道你是怎么完成所有这些工作的!"你会承认他能够比你更好地处理压力。

(2) 易变性

对一个人来说,第一次开车、第一次演讲、第一次工作,都可能会感到压力,但是经过了反复练习后,压力就会减轻或变得不太有压力。对个人来讲,有些发言比其他的发言更有压力,有时候与听众有关,有时候与内容有关。事实上,压力感在不时地发生改变,正如个体之间存在差异。

(3) 累积性

长期的压力能够让人深感疲劳,不堪重负。你可能会发现,一个星期之内对付一两件压力事件相对容易,但是长期连续的此类事件就会有难以招架的感觉。这些累积效应对有些人来说并非难以忍受,相反,他们会产生增强抵抗和忍受同类压力的能力。

Q225. 压力的来源主要包括哪些因素?

压力的来源主要包括社会环境因素、组织因素、家庭因素、个体差异等。其中组织因素与个体差异构成了电信业务员工作压力的主要因素。

(1) 组织因素

工作组织内部有许多因素会引起压力感,如工作超载、负担过重、工作的物理环境、单调活动造成的无聊情绪、人际关系、职业生涯发展等。对于一个客户服务人员来说,最主要的压力还来自客户。

(2) 个体差异

有些人能在压力重重的环境中生机勃勃,有些人则无法应对。导致人们处理压力的能力存在差异的因素主要有:工作经验的积累与业务水平的高低程度、个人对压力的认知程度、社会支持度、个人控制力,以及每个人的个性特点。

Q226. 如何理性地对待来自客户的压力?

(1) 态度平和

当客户十分恼火时,态度、情绪必然不好,我们首先要保持平和的心态,保持呼吸的平稳和语调的平稳,把全部的注意力集中在客户所提的问题上而不是客户的态度上。我们经常说要“急客户所急”,但并不是指随客户心情焦急而焦急,随客户态度暴躁而暴躁,人与人之间的情绪会相互影响,但单方面的暴躁情绪是维持不了多久的,平稳、缓和地对待客户,客户的情绪自然而然也会缓和下来。

(2) 保持冷静

对于某些客户的特殊要求有时候我们无法满足的情况下，客户会产生很大的抱怨。我们要保持足够的冷静，不能与客户一起抱怨或用一种无可奈何的态度对待客户。有效的做法是将客户向积极的方面引导，表示赞同客户的观点，感谢客户的提议，并表明我们会考虑做改进。可以这样说：

“您的建议十分好，我非常赞同您的观点，我会及时将您的提议传递给公司领导，希望他们采纳。但这次在公司没有决定之前，我很抱歉不能破坏公司制度，还希望您能谅解。”

听到这样的回答，客户一般不会再为难你了，同时你可以将你认为合理的意见传递给公司。

(3) 体现真诚

我们经常会遇到有些由于客户的过失而造成的差错、故障等，但由于种种原因而使得客户把这种问题转嫁给电信业务员。这种情况下，我们应向客户表示“十分了解您的心情”、“一定尽我所能替您解决这个问题”等，尽量让客户感受到我们真诚为客户服务的态度，并努力为客户解决问题。如果遇到一些很难应对的客户，在实在解决不了的情况下可以寻求上级的帮助。

(4) 虚心好学

某些客户专业知识可能远远高于我们，我们也不要产生惧怕心理，可以抱着虚心学习的态度与客户沟通，最好能不时地赞美客户，称赞客户的知识丰富、专业水平高之类，这样客户不仅不会对你厌烦，反而会不自觉地教你很多东西。

Q227. 如何提高个人抗压能力？

(1) 培养自信；

(2) 提高自我认识；

(3) 从小困难入手；

(4) 把握机会；

(5) 建立良好的人际关系；

(6) 学会幽默；

(7) 培养坚毅的个性；

(8) 积极适应变化；

(9) 适应竞争，驾驭竞争；

(10) 保持乐观的心态；

(11) 培养个人爱好。

Q228. 怎样进行自我情绪调节？

(1) 察觉自己的情绪变化。不应只将注意力放在引起情绪波动的人或事上，失去控制，而应该察觉出自己的情绪变化，着手管理自己的情绪，调整自己，安慰自己，激励自己。

(2) 理性地面对问题，接纳客户的情绪，恰当地表达自己的情绪。

第十三章 电信客户维系与挽留

Q229. 客户忠诚的定义是什么?

客户忠诚分为行为忠诚与态度忠诚。

(1) 行为忠诚客户:客户存在通信需求,并且通过使用某一运营商的业务来满足此需求;

(2) 态度忠诚客户:在满足行为忠诚的前提下,客户满意度高,认可该运营商的业务品牌,不受竞争对手诱惑并向周围人进行业务或者品牌推荐。

Q230. 客户忠诚分为哪几种类型?

从客户对电信运营商的依赖程度分析,客户忠诚又可分为以下6种:

(1) 垄断忠诚

过去电信行业一直处于垄断地位,用户只能使用垄断企业的产品,这种情况称之为垄断忠诚。随着企业垄断地位的打破,新的运营商进入,这种忠诚性正迅速消失。

(2) 亲缘忠诚

企业自身的员工甚至员工的亲属会义无反顾使用该企业的产品,这是一种很牢固的用户忠诚。在很多情况下，选择使用的原因并非对产品或服务本身感到满意，而是因为他们属于这个企业或与这个企业息息相关。

（3）利益忠诚（也叫价格忠诚、激励忠诚）

利益忠诚来源于企业给予他们的额外利益，如价格刺激、促销政策激励等，但这种忠诚是不稳定的，可能向两极发展。一种情况是用户通过初期的使用后对产品真正感到满意，其忠诚变得更加稳定和持久；另一种情况是一旦出现更有吸引力的利益，这种忠诚立即消失。

（4）惰性忠诚（也叫方便忠诚）

有些客户出于方便的考虑或是因为惰性，会长期保持一种忠诚，这在服务行业更为常见。企业可将惰性忠诚作为一个基础，通过改变自己的产品和服务的差异性增强客户的满意度，并最终真正牢牢地锁定客户。

（5）信赖忠诚

当客户对你的产品和服务感到满意，并建立一种信赖感时，他们会逐渐形成一种高可靠度、高持久性的忠诚。这一类忠诚客户还是企业的热心追随者和义务推销者，他们不仅自己对企业的产品和服务情有独钟，还会向人们推荐使用，这类客户是企业最为宝贵的资源，这种客户忠诚也正是企业最为渴求的。

（6）潜在忠诚

潜在忠诚指客户虽然拥有却没有表现出来的忠诚，如客户很可能希望继续购买你的产品或享受你的服务，却因为特殊原因或客观因素限制了客户的这种需求。

Q231.　客户维系的原则有哪些？

（1）重视客户沟通

与客户保持长期、有效的沟通是客户维系的关键。及时、专业、礼貌地与客户进行沟通，通过电话回访、上门回访、会员活动、温馨服务等人性化措施与客户保持长期联系。

（2）满足客户需求

在与客户沟通的过程中，虚心听取客户的意见与建议，从多方面发掘客户需要，并努力满足客户需求。

（3）刺激客户消费

给客户不断选择新业务的理由。让公司的每位员工都能在正确的时间，以正确的方式向客户提供正确的服务，赢得用户的理解、信任、忠诚，挖掘用户的消费能力。

(4) 企业效益优先

用战略的角度看待问题。通过对扩大市场份额、客户利润价值、新业务快速推广等因素的综合分析，进行维系成本的投入和控制。对于有欺诈或恶意欠费等行为的不良客户，应及时终止服务，以避免企业损失。

Q232. 客户流失的类型有哪些？

对客户流失的分类有很多种方法，如按时间划分、按离网人群的种类划分、按地域划分等。只有认真分析客户流失的主要原因，才能为企业经营决策提供依据。

(1) 价格流失型

价格流失型主要是指客户转向提供低廉价格产品或服务的竞争对手。

经分析发现，在所有导致用户离网的原因中，位居前 4 位的分别是价格、覆盖、通话质量和客户服务。无论是在中国还是在外国，用户选择运营商或者转网时，最主要的因素还是价格上的吸引，一般情况而言，当客户在使用手机两年左右的时候，将是离网率最高的时候。当客户出于对手机的款式和技术特性等方面的考虑需要更换手机时，客户的转网率是很高的，如果运营商不采取措施进行有效的控制与防范，一旦其他服务供应商有更好的优惠，企业将会面临客户的流失。

(2) 产品和技术流失型

产品流失型是指客户转向提供高质量产品的竞争者。这种流失是很难逆转的，因为价格原因流失的客户我们可以再"买"回来，但是如果客户认为竞争对手的产品质量更好，再争取过来的可能性就会很小。

技术流失型是指客户转向提供先进技术产品的竞争者。这种流失可以通过及时改进生产技术来挽回。

(3) 服务流失型

服务流失型是指客户由于服务恶劣而离开。这其中服务人员的素质和态度起着非常重要的作用。服务人员的失误主要源于服务人员的态度，如对客户漠不关心，不礼貌，或者缺乏专业的知识和经验、技能。另外服务人员对客户的抱怨和投诉没有及时的处理也会导致客户流失。

但是那些被忽视的或者没有得到重视的甚至得不到公正对待的客户，可能在他们的相关群体中或通过大众传媒传播自己的经验，这样企业推动的不只是一个客户的流失，而且是相关群体甚至更大范围市场的丢失。

（4）便利流失型

便利流失型是指客户因对现有产品或服务购买的不便性而引起的流失。这里包括客户对商家的地理位置、营业时间、等待服务的时间、等待预约的时间太长等方面感到不方便的感觉。客户的自然迁移有时是由于商家经营地点的迁移而导致客户购买的不便利性，从而导致客户放弃原有的产品或服务。

（5）自主流失型

自主流失型是指由于客户自身某些方面的原因而导致流失客户群，包括客户的死亡，客户自然地改变了喜好，客户受朋友或亲人影响而转向其他竞争者等。

Q233. 客户挽留过程中，如何处理客户提出的异议？

（1）了解异议原因（例如："先生/小姐，请问我可以知道您取消业务的原因吗?"）；

（2）细心倾听异议；

（3）认同客户的感受（例如："您的心情我可以理解。"）；

（4）处理异议；

（5）若异议不能真正地被处理（如价格），引导客户用另一个角度去看异议；

（6）重复及强调服务对客户的益处；

（7）尝试促成交易。

Q234. 客户挽留要注意哪些问题？

（1）把握挽留的适度

要注意不能出现执行偏差，把"挽留"变味为"强留"。挽留客户的初衷是让客户感受到自身受重视、受关注，核心是客户关怀，目的是存量保持。如果在执行上演变成"强留"，使客户感觉不到被重视而是为难，就会事与愿违、弄巧成拙。

（2）体现挽留的真诚

对一直坚持离网的客户也应以诚相待，如附上为客户办理销户手续的营业员的名片，以便客户重新入网时沟通联系。

Q235. 什么是主动的客户挽留？主动的客户挽留工作有哪些方面？

主动的客户挽留指呼叫中心根据预警体系显示的客户离网倾向资料，由呼叫中心相关人员主动与客户取得联系，并设法让其继续成为本公司客户的工作。

在主动的客户挽留工作中，建立完善的预警机制、有效地分析相关资料和掌握高超的挽留技能是 3 个重要的方面。

Q236. 试列举一些客户挽留技巧。

(1) 呼转不正常的情况

- 安抚客户的情绪；
- 确认客户的需求；
- 仔细分析呼转不成功的原因；
- 提出正确的解决方法；
- 尽量避开"取消"，努力将此化为业务咨询或业务投诉。

(2) 客户认为没有需要时

- 为用户创造需要，假设可能需要的情况；
- 重新开始营销，突出业务优势；
- 留意客户反映，挖掘其潜在的需求。

(3) 客户认为资费太贵时，可以采取加减乘除法

- 加法(+)：让客户了解基础业务以外的附"加"优惠；
- 减法(-)：指引导客户"减"低对产品的要求；
- 乘法(×)："乘"机向客户销售别的有优惠的配套商品；
- 除法(÷)：将价格"除"开，变成单位成本，令客户心理上觉得更便宜。

(4) 客户认为缴费不便时

根据客户话费量和客户本人情况，帮助客户选用充值卡、信用卡托收、委托收款、网上充值等多种方式。

(5) 客户投诉网络问题时

可采取缓兵之计，安抚客户。确认当地存在的网络问题，并报相关部门做网络测试和优化，建议客户在网络问题解决前，使用各种增值业务(如移动秘书台、语音信箱、呼叫转移功能)弥补网络问题，同时进行跟踪服务。

参考文献

[1] (英)彼特·杰威顿.决胜市场营销——策略工具和技巧.广州:广东经济出版社,2005.

[2] (美)崔西.销售中的心理学.北京:中国人民大学出版社,2007.

[3] 陈大为.世界10位营销大师经典讲义.北京:北京出版社,2005.

[4] 黄观辉,苏军,郑翔元.客户服务管理师(蓝海企业管理丛书).广州:广东科技出版社,2006.

[5] 劳动和社会保障部教材办公室.市场营销与技能训练(全国高等职业技术院校电子商务专业教材).北京:中国劳动社会保障出版社,2004.

[6] 厉鑫,蔡少恒.营销文案写作范本(实用商务文书写作丛书).北京:经济管理出版社,2006.

[7] 刘尧坤,等.客户投诉管理与处置技巧.广州:广东经济出版社,2005.

[8] 漆浩.业务员培训与管理(职业培训进修教程).北京:中华工商联合出版社,2004.

[9] 任璐璐.客户服务案例与技巧(客户世界管理运营技能基准系列).北京:清华大学出版社,2005.

[10] 孙立武,胡丹杰.不可不知的10种营销工具.北京:人民邮电出版社,2006.

[11] 王曙光,赵永秀.商务助理岗位职业技能培训教程.北京:广东经济出版社,2007.

[12] 威廉·G.·齐克蒙德,等.客户关系管理(营销战略与信息技术的整合).北京:中国人民大学出版社,2005.

[13] 杨斐.客户服务与客户投诉管理(营销执行丛书).广州:广东经济出版社,2003.

[14] 郑方华.客户服务技能案例训练手册(MBA式案例训练教程).北京:机械工业出版社,2006.

[15] 郑方华.销售技能案例训练手册(MBA式案例训练教程).北京:机械工业出版社,2006.

[16] 中国电信集团公司.政企客户销售经理岗位技能教材(岗位技能认证培训系列教材).北京:中国电信集团公司,2007.